Долганские сказки

돌간인 이야기

<지식을만드는지식 소설선집>은
인류의 유산으로 남을 만한 작품만을 선정합니다.
오랜 시간 그 작품을 연구한 전문가가
정확한 번역, 전문적인 해설, 풍부한 작가 소개, 친절한 주석을
제공하는 고급 소설 선집입니다.

지식을만드는지식 소설선집

북아시아 설화집

Долганские сказки

돌간인 이야기

작자 미상

안동진 옮김

대한민국, 서울, 지식을만드는지식, 2017

편집자 일러두기

- 이 책은 ≪시베리아와 극동 민족 구비문학 기념비(Памятники фольклора народов Сибири и Дальнего Востока: Т. 19)≫(Издательство Института археологии и этнографии СО РАН, 2000)를 원전으로 삼아 옮긴이가 가려 뽑아 번역했습니다.
- 주석은 모두 옮긴이가 단 것입니다.
- 외래어 표기는 현행 한글어문규정의 외래어표기법을 따랐습니다.

차 례

돌간인 이야기

들꿩과 농어의 전쟁

옛날하고도 먼 옛날, 땅과 하늘이 방금 창조되었던 때에 툰드라에 들꿩이 살고 있었다. 어느 해 눈보라가 치고 폭설이 내렸다. 겨울에 비가 와서 눈이 온통 얼어붙었다. 눈이 녹아 맨땅이 드러난 곳이 한 군데도 없었다. 들꿩들은 배를 주렸고 숲이 있는 쪽으로 먹을 것을 찾아 떠났다. 가장 늙은 들꿩이 그들의 길잡이였다. 숲까지 날아갔는데 거기에도 눈이 녹은 맨땅은 전혀 보이지 않았고 진피리버들의 꼭대기도 보이지 않았으며 모든 것이 눈에 덮여 있었고 나무들만이 검었다.

길잡이 들꿩이 이렇게 조언했다.

"이제 우리는 살 수가 없다. 어차피 죽을 거면 어디서 죽느냐가 무슨 상관이겠는가? 그래서 생각했다. 언젠가 내가 한 곳을 본 기억이 있는데 거기에는 큰 강이 있었다. 그 강은 어떤 눈보라도 뒤덮지 못할 것이다. 몇몇 장소에는 겨우내 얼음이 얼지 않는 곳도 있었다. 강가에는 버드나무가 자라고 있었고 산들은 떨기나무와 진달래꽃, 들쭉나무와 풀들로 덮여 있었다. 그 강에는 농어들이 살고 있다. 농어들은 우리를 접근하지 못하게 막을 것이다. 옛날부터 그들에게는 들꿩과 했던 맹세가 있다. 그 맹세란 들꿩은 농어가 사는 곳에 가지 않고 농어는 들꿩이 사는 땅에 가지 않는다는 것이었다. 만약 그 약속을 기억한다면 순순히 양보하지 않을 것이다. 그러면 우리는 전쟁에 나설 수밖에 없다."

들꿩들이 말했다.

"옳아요. 여기서 죽을 수는 없잖아요! 싸우는 게 나아요. 갑시다!"

들꿩들은 날아가서 강에 도달했다. 거기는 먹을 것이 충분했다. 새들이 앉아서 먹기 시작했다. 얼음이 얼지 않은 곳에서 농어의 우두머리가 머리를 쑥 내밀었다.

"어이, 들꿩들아. 왜 여기로 날아왔지? 옛날에 우리는 맹세를 했잖아. 우리는 당신들의 땅을 차지하지 않고 당신들은 우리 땅에 오지 않기로 말이야. 왜 왔어? 어서 떠나. 당장 여기서 나가! 너희에게 버드나무 잎사귀도 맛보게 할 수 없고, 떨기나무 꼭대기도, 풀도 절대로 내줄 수 없어. 자갈도 파헤치게 둘 수 없어!"

이 말에 들꿩의 길잡이가 말했다.

"우리도 순순히 물러설 수는 없어. 전쟁을 해서라도 이 땅을 차지할 테다!"

농어 우두머리가 말했다.

"내가 순순히 양보할 것 같아? 농어들을 전부 죽이고 차지하든지. 싸울 수밖에 없구나. 잠시 기다려라. 농어들을 불러올 테니."

농어 우두머리가 돌아갔다.

"철썩!"

꼬리로 들꿩을 때리고 농어들을 부르러 헤엄쳐 갔다.

농어 우두머리가 농어 떼를 모조리 끌고 오는 바람에 눈이 얼지 않은 곳이 온통 시커멓게 되었다. 들꿩들은 강변에 대기하고 있었다. 들꿩 길잡이가 자기 패들에게 말했다.

"농어 머리만 조준해서 활을 쏘아야 한다. 만약 등을 맞히면 죽지 않을 것이다!"

들꿩 부대가 활을 쏘았다. 활시위가 튀기는 소리를 듣고 농어들은 몸을 피해 달아나면서 강 중앙으로 헤엄쳐 갔다. 들꿩들의 화살은 농어의 등에만 꽂힐 뿐이었다.

농어들은 다시 강변으로 헤엄쳐 갔다. 들꿩들이 활을 장전하는 동안 농어들은 들꿩의 심장을 조준해서 활을 쏘았다. 들꿩들은 몸을 피해서 땅 위로 푸드덕 날아올랐고 농어들의 화살은 들꿩들의 다리 근육에 박힐 뿐이었다. 그렇게 싸움을 했다. 그들 중 어느 누구도 죽지 않았고 상대를 이길 수가 없었다. 화살을 다 써 버리자 싸움이 끝났다.

농어 우두머리가 말했다.

"싸우기를 그만둡시다. 당신들은 원하는 곳으로 날아다

니면서 원하는 대로 먹이를 먹도록 하시오!"

그때부터 들꿩들의 화살은 농어 등 위에 있는 쇠스랑 모양의 뼈로 변했고 들꿩의 다리 근육에 박혔던 농어들의 화살은 유착되어 앙상한 힘줄이 드러나는 뼈로 변했다.

이것이 끝이다.

노인과 토끼들

옛날에 사람들이 살았는데 예벤키족이었다. 그들에게는 제일 나이 많은 한 노인이 있었다. 모두가 그의 조언을 듣곤 했다. 그는 유숙지를 어디에 정해야 할지 가르쳐 주었다.

"우리는 나무가 자라고 따뜻한 곳에 머물러야 합니다!"

그가 말했다. 거기로 옮겨 가서 정주했고 바라크를 세우고 몇몇 사람들은 통나무 천막을 쳤다. 세 가족이 함께 살기 시작했다.

어느 시점에 고기 저장분이 떨어졌고 그들은 배를 곯기 시작했다. 사슴을 잡아먹으려고 했는데 모조리 잡는다 해도 겨우 네댓 마리밖에 없었다. 노인이 말했다.

"사슴들을 잡으면 거지가 되고 말 거요. 사슴을 죽이지 맙시다. 충고하건대, 이 강을 따라가면 우리의 이웃 토끼들이 살고 있다오. 그들에게는 자신들의 샤먼이 있소. 우리가 그들을 속여서 여기로 데려옵시다. 내가 아픈 척하겠소. 그들의 샤먼을 초대하시오. 샤먼들과 함께 토끼가 많이 오게 될 거요. 그 토끼들을 잡아먹읍시다. 그러면 이럭저럭 연명해서 따뜻한 날이 올 때까지 살아남을 수 있을 거고 그 후에는 사냥을 해서 먹고 살면 되오."

사람들은 토끼를 찾으러 떠났다. 노인은 아픈 척했고 신발도 벗지 않은 채 침상에 누웠다. 노파에게 말했다.

“토끼의 샤먼이 와서 주문을 외기 시작하면 창문과 연통을 막고 문을 걸어 잠그시오. 신음 소리를 내면서 헛소리 중에 ‘으으으, 부젓가락’이라고 말하면 그때 내게 부젓가락을 주시오. ‘으으! 돌삽’이라고 말하면 돌삽을 집어서 문 옆에 세워 놓으시오. 그러면 내가 벌떡 일어나서 토끼들을 잡기 시작할 거요. 첫 번째로 샤먼 토끼를 잡아 볼 테니, 당신도 도와주시오.”

노인은 누워서 헛소리를 하는 듯이 중얼거렸다. 토끼 샤먼이 도착했고 그와 함께 수많은 토끼가 왔다. 바라크는 토끼로 가득 찼다. 노파가 창문과 연통을 막았고 문을 걸어 두었다.

토끼 샤먼이 주문을 외기 시작했고 곧이어 뛰다가 춤을 추다가 했다. 노인은 더 나빠지는 체하면서 헛소리로 ‘으으! 부젓가락’이라고 말했다. 노파가 벌떡 일어나서 노인에게 부젓가락을 찔러 주었다. ‘으으! 돌삽’이라고 말했고, ‘으으! 도끼!’라고 말했다. 이 말을 하자마자 노파가 돌삽을 집었고 도끼를 가져왔다.

토끼 샤먼은 여전히 춤을 추고 있었다.

“에두크 디우두크 유디온고고 비미! 파아팔디이크!”라고 말했다. 이것은 예벤키 말로 "이 천막에서 도망쳐 나갈 수 있을까!"라는 뜻이었다.

노인은 이 말을 듣고 벌떡 일어났고 토끼 샤먼은 천막의 가운데 장대 쪽으로 뛰어올랐다. 노인이 부젓가락으로 때려서 토끼 샤먼이 장대에 깔렸는데 도망쳤다. 토끼 샤먼의 귀만 비스듬히 걸렸다. 토끼 샤먼이 벽난로 옆에 있던 장작더미 위로 뛰어올랐을 때 노파는 돌삽으로 토끼의 뒷발을 때렸다. 그래서 뒷발 두 개가 부러졌다.

토끼 샤먼은 장작더미에서 연통으로 뛰어내렸고 그를 쫓아서 노파도 연통으로 뛰어내렸다.

천막에 남아 있던 토끼들을 모두 죽였다. 그 토끼들을 먹고 따뜻한 봄날이 올 때까지 연명했다.

전에는 토끼를 먹지 않았다고 한다. 그때부터 사람들은 토끼를 먹기 시작했다.

살아남은 토끼 샤먼한테서 야생 토끼가 번식했다. 토끼들은 말하는 것을 잊어버렸고 사람들을 피하기 시작했다. 노인이 때려서 토끼의 귀 끝에 검은 표식이 영원히 남게 되었다. 부러진 뒷발은 그렇게 그대로 관절로 연결되었다.

청년 황제와 농부의 딸

청년 황제가 살았다. 그의 이웃에는 가난한 농부가 살았다. 이 가난한 농부는 어두운 아침부터 어두워지는 저녁때까지 황제를 위해 일하면서 밀가루 한 숟가락씩을 벌었다. 그렇게 먹고 살았다. 가난한 농부에게는 외동딸이 있었다. 어느 날 청년 황제가 말했다.

"여보게, 가난한 농부, 평생 어떤 지혜를 모았느냐? '가장 달콤한 것은 무엇일까?'라는 수수께끼를 맞혀 봐라. 아침 9시에 와서 말해라. 만약 알아맞히지 못하면 머리를 베어 버리겠다."

가난한 농부는 아무리 생각해도 알 수가 없었다. 달콤한 음식을 먹어 본 적이 없었다. 그래서 황제가 주는 것은 모두 단 것 같았다. 집으로 돌아와서 털썩 주저앉아 울기 시작했다. 딸이 물었다.

"무슨 일이세요, 아버지. 왜 울고 계세요?"

"자, 내 딸아. 모든 것이 끝났구나. 이만큼 살았으니 충분하지. 청년 황제가 수수께끼를 맞히라는구나. 맞히지 못하면 내 머리를 베어 버리겠다고 했단다."

"무엇을 알아맞혀야 하는데요?"

"무엇이 가장 달콤하냐고 물었단다."

"아이, 아버지. 쓸데없이 울고 계시네요. 주무세요. 좀 쉬세요. 무엇이 가장 달콤한지는 한 가지만 안다고 말씀하세요. '황제를 위해서 어두운 아침부터 어두운 저녁까지 더러운 것을 치우고 집에 밀가루 한 숟가락을 가져왔을 때, 내 아내가 진흙을 덧칠한 천막에서 난로를 피우면 따뜻한 기운이 내 코에 훅 끼칩니다. 밀가루를 기름에 볶아서 아내가 음식을 준비하는 동안 나는 저녁도 먹지 않고 벌써 잠이 듭니다. 그렇게 가장 달콤한 것은 아마도 잠인 것 같습니다'라고 말씀하세요. 이보다 더 달콤한 것을 황제가 알까요?"

딸이 말했다.

노인은 잠이 들었다. 아침에 일찍 일어나서 황제에게 갔다. 청년 황제는 물었다.

"수수께끼를 풀었느냐?"

"예, 풀었습니다. 맞는지, 안 맞는지는 모르겠습니다."

"자, 무엇이냐?"

"어두운 아침부터 어두운 저녁까지 황제를 위해서 더러운 것을 치우고 밀가루 한 숟가락을 가지고 집으로 왔을 때 제 아내는 진흙을 덧칠한 천막에서 난로를 피웁니다. 그러면 따뜻한 기운이 제 코에 훅 끼칩니다. 아내가 밀가루 죽을 준비하는 동안, 저는 저녁도 먹지 않고 벌써 잠이 듭니다.

아마도 가장 달콤한 것은 잠인 것 같습니다."

청년 황제가 말했다.

"그렇구나. 맞다. 너는 지혜로운 사람이구나. 그런데 왜 그렇게 평범하게 사느냐? 또 하나의 수수께끼를 알아맞혀 보아라. '세상에서 무엇이 가장 빠르냐?' 만약 아침까지 알아맞히지 못하면 머리를 베어 버리겠다."

노인은 아무것도 알 수가 없었다. 집으로 돌아와서 울고 있을 때 딸이 물었다. 노인은 이렇게 저렇게 사정을 이야기했다.

"아버지, 괜히 울고 계세요. 주무세요. 아침에 이렇게 말씀하세요. '가장 빠른 것은 무엇이냐고요? 연기 낀 진흙을 덧칠한 천막에서 뛰어나와 눈을 문지르면서 머리를 위로 쳐들면 하늘의 모든 별들이 하나하나 다 보이고 시선을 땅으로 내리면 모든 나무와 풀이 낱낱이 다 보여요. 그런데 보이는 것에 닿을 수는 없지요. 그래서 가장 빠른 것은 사람의 눈길이에요'라고 말하세요. 이보다 더 빠른 것은 황제도 모를 거예요!"

딸이 말했다.

노인은 잠이 들었다. 아침에 황제에게 갔다. 청년 황제는 물었다.

"자, 알아맞혔느냐?"

"예, 알아맞힌 것도 같아요. 맞는지 틀리는지는 모르겠지만요. 연기 낀 진흙을 덧칠한 천막에서 뛰어나와 눈을 문지르면서 고개를 위로 쳐들면 하늘의 모든 별들이 하나하나 다 보이고 시선을 땅으로 내리면 모든 나무와 풀이 낱낱이 보여요. 하지만 보이는 것에 닿을 수는 없지요. 그래서 가장 빠른 것은 사람의 눈길이에요."

노인이 말했다.

청년 황제는 놀라워했다.

"그렇다. 노인은 정말 지혜로운 사람이구나. 세 번째 문제를 통과해 봐라!"

황제는 나가서 황소를 잡아 오라고 명한 다음 노인에게 주었다.

"아침결에 황소가 새끼를 낳게 해서 송아지와 함께 데려오너라. 다른 놈의 새끼를 데려올 생각은 아예 하지 마라!"

청년 황제가 말했다.

불쌍한 노인은 황소를 집으로 데려와서 주저앉아 울고 있었다.

딸이 물었다.

"무슨 일이세요, 아버지, 왜 울고 계세요?"

"황소를 주더니 새끼를 낳아 오라는구나. 어떻게 황소가 새끼를 낳겠니?"

노인이 말했다.

"에고, 어떻게 황소가 새끼를 낳아요? 다 잘될 거예요. 이제 우리는 먹을 것이 생겼잖아요. 나가서 황소를 죽여 그 고기를 먹어요."

딸이 말했다.

노인은 황소를 죽여서 함께 먹었다.

딸이 발굽과 발굽 뼈를 모아서 아버지에게 전해 주었다.

"'여기 검은 뿔 발굽이 어머니고, 발굽 뼈는 송아지예요'라고 말씀하시면서 그것들을 황제의 식탁에 아이들의 장난감처럼 나란히 늘어놓으세요. '황소가 그렇게 새끼를 낳는다는 것을 알아냈어요'라고 말하세요. 이보다 더한 것을 황제가 알 수 있을까요? 그러면 황제는 누가 알려 주었는지 알아내려고 할 거예요. '너의 지혜로는 이것을 알아낼 수가 없다. 만약 네가 그렇게 지혜로웠다면 내 밑에서 더러운 것을 청소하고 있지는 않았을 거다. 누가 알려 주었느냐?'라고 물을 거예요. 그러면 숨기지 마시고 '저한테는 외동딸이 있는데 딸이 알려 주었습니다'라고 말하세요."

아침에 노인은 황제에게 갔다. 청년 황제가 물었다.

"자, 알아맞혔느냐?"

노인이 발굽과 발굽 뼈를 아이들의 장난감처럼 식탁 위에 나란히 늘어놓았다.

"저는 황소가 이렇게 새끼를 낳는다는 사실을 깨달았습니다."

노인이 말했다.

황제가 말했다.

"너의 지혜로는 이것을 알 수가 없다. 만약 네가 그런 지혜를 가졌다면 내 밑에서 더러운 것을 청소하고 있지는 않았을 것이다. 누가 알려 주었느냐?"

"저한테는 외동딸이 있는데 딸이 알려 주었습니다."

노인이 말했다.

청년 황제는 말했다.

"딸이 아주 지혜롭구나."

황제가 말했다.

"노인에게 바닥이 깨진 양동이를 주어라. 그걸 때워 와라. 만약 때워 오지 못한다면 둘의 머리를 베어 버리겠다."

노인이 울면서 양동이를 가져왔다. 딸이 물었다.

"아버지, 무슨 양동이에요?"

"자, 내 딸아. 피할 수 없이 죽을 날이 왔구나. 너한테 양동이를 때워 오라고 했단다. '만약 때워 오지 못하면 둘의 머리를 베어 버리겠다'라고 하더구나."

딸이 말했다.

"도로 가져가서 이렇게 전하세요. 양동이를 때우는 것은 여자의 일이지만, 남자로서 그에게 양동이를 장화 뒤집듯이 뒤집어 보시라고 하세요. 그러면 제가 때우겠다고 말씀하세요."

노인은 양동이를 가져가서 그렇게 전했다. 청년 황제는 놀랐다. 노인을 풀어 주었다.

"내가 직접 가서 당신의 딸을 봐야겠다."

이렇게 말했다. 청년 황제는 아가씨를 보자마자 곧바로 사랑에 빠졌고 그녀와 결혼했다.

얼마나 살았는지는 알 수 없다. 결혼하자 청년 황제는 인형처럼 앉아서 아내가 충고하는 대로 모든 일을 해결했다. 청년 황제는 말했다.

"사랑하는 아내, 한 나라에 두 명의 황제는 없는 법이오. 헤어지는 것이 낫겠소."

아내가 말했다.

"헤어지자고요?"

청년 황제가 말했다.

"원하는 것은 모두 가져가시오."

아내가 동의했다.

그렇게 마지막 밤이 왔다. 남편이 잠들었다. 아내는 침상채로 남편을 얼싸안고 아버지의 진흙 덧칠한 천막으로 데려갔다. 청년 황제가 아침에 잠이 깨어 놀라서 몸을 뻗어 보니 머리와 다리가 천막의 장대에 닿아 있었다.

"도대체 우리가 어디 있는 거요? 어떻게 내가 여기서 잠이 깬 것이오?"

청년 황제는 아내를 흔들어서 깨웠다.

아내가 말했다.

"여보, 내가 당신을 여기로 데려온 거예요."

"왜 데려왔소?"

"당신을 원했기에 데려왔어요. 당신이 원하는 것은 모두 가져가라고 직접 말했잖아요."

청년 황제는 그렇게 헤어질 수가 없었다. 그러자 아내가 말했다.

"당신은 그렇게 지혜로운 사람은 아니에요. 당신은 황제가 되어 백성을 다스리세요. 저는 당신의 평범한 아내가 될래요."

가난한 농부는 딸 덕분에 진흙을 덧칠한 천막을 버리고 거울로 된 돌집에서 살게 되었다. 그렇게 부자가 되어 살게 되었다.

여자와 곰

옛날에 한 여자가 가을에 젖먹이 아이와 함께 숲에서 길을 잃었다. 그렇게 길을 찾지 못하고 헤매다가 곰의 굴에 이르렀다. 곰 굴로 들어가서 말했다.

“나는 어쨌든 죽을 수밖에 없어. 만약 나를 잡아먹고 싶으면 먹어라.”

그러나 곰은 굴 깊숙이 물러설 뿐이었다. 여자는 살아남았다. 거기서 그들은 곰과 함께 잠이 들었다. 곰은 겨울에 두 번 겨울잠을 잔다고 한다. 한겨울인 성 니콜라이의 날[1]에 잠이 깬다고 한다. 그렇게 곰이 잠이 깼다. 여자가 곰의 발을 핥아먹었고 그렇게 해서 배불리 먹었으며 아이도 배부르게 해 주었다. 그리고 또다시 겨울잠에 빠져들었다.

그들이 잠이 깼을 때, 여자는 곰과 함께 굴에서 나왔다. 곰은 먹을 수 있는 나무껍질을 모아서 여자를 먹였다. 그들

---

1) 성 니콜라이의 날은 로마 가톨릭 교회에서는 12월 6일, 러시아의 정교회 달력(구력)으로는 12월 19일에 기념하는 축일이다. 성탄절 육식 금지 기간에도 생선을 먹는 것은 허용했다. 가톨릭 국가에서는 성 니콜라이가 산타클로스의 원형이었으며 성 니콜라이 축일 밤에 아이들은 잠들기 전에 침대 옆에 선물용 양말을 걸어 두었다.

이 그렇게 다닐 때 그녀가 살던 유목지의 한 사람이 사냥에 나섰다가 그들을 발견했다. 눈여겨 살펴보고 단번에 그 여자를 알아보았다. 그리고 여자의 친척들과 남편에게 이야기했다.

그러자 여자의 친척들이 모두 곰한테 살금살금 다가와서 조용히 타일렀다.

"왜 우리가 너를 죽이겠니?"

곰한테 이렇게 맹세하면서 부탁하기 시작했다.

"곰아, 사람을 돌려줄 때가 왔어. 먹여 주어 고맙구나. 여자를 돌려줘. 나중에 우리가 아이들에게도 네가 여자에게 거처를 마련해 주었다고 이야기할게."

이 말에 곰은 울부짖었고 너무나 끔찍하게 소리친 후에 여자를 한 번 보고는 사람들 쪽으로 발짓을 했다. 여자는 사람들한테로 갔고 곰은 떠났다.

백조로 변한 샤먼들

옛날에 두 샤먼이 굿을 하는 동안 이렇게 말했다.

"백조로 변한 우리는 겨울에 새들이 날아가는 지방으로 날아갈 것이오. 이듬해 봄에 아홉 마리의 백조 중에서 우리가 당신들의 부락을 세 번 돌 것이오. 이때 우리를 맞이하고 하얀 새끼 사슴을 잡아서 사람들의 거주지가 있는 곳으로부터 좀 떨어진 곳에 세워진 새 지붕을 이은 원추형 천막에 그 고기를 걸어 두시오."

샤먼들은 백조로 변해서 날아갔다. 그들은 백조와 거위들이 털갈이하는 곳에 도착했다.

"털갈이를 하자. 강가에서 털갈이를 하자. 호숫가에서는 사람들이 우리를 죽일 테니까."

한 샤먼이 말했다.

그의 친구는 그 말을 듣지 않고 호숫가에서 털갈이를 하려고 남았다. 호숫가에 남은 샤먼을 어떻게 구할 수 있겠는가? 어느 날 친구는 호숫가에 남은 백조가 죽기 전 마지막으로 외치는 소리를 들었다. 두 명의 사람이 호숫가에 남아 있던 샤먼을 발견했다. 그들 중 한 사람이 말했다.

"정말 신기하네, 친구. 백조가 사람처럼 소리치다니."

이 말에 다른 사람이 말했다.

"뭐란 말인가. 새일 뿐인데."

그러더니 그 사람은 샤먼 백조를 총으로 쏘았다. 그런 후 잡아서 껍질을 벗기기 시작했다. 그러고 보니 샤먼 옷을 입고 허리띠를 한 사람이었다. 어떻게 하겠는가. 그냥 버려두고 떠났다.

그의 친구는 정해진 시간에 하얀 새끼 사슴 고기가 준비된 천막으로 날아왔다. 그리고 백조 외형을 벗고 사람이 되었고 그의 친구는 그렇게 죽었다.

대지의 주인 영혼

모든 대지는 보통 주인 영혼을 가지고 있다. 사람들은 그런 대지의 주인 영혼을 무서워해서 저녁에는 아이들을 마당에 나가지 못하게 했다. 대지의 주인 영혼은 여우들을 썰매에 매서 끌게 하고 타고 다닌다. 옛날에 한 사람을 그 대지의 주인 영혼이 데려갔다. 꽤 큰 어린아이가 마당에서 놀 때 여우가 끄는 썰매를 탄 한 노인이 다가가서 아이를 붙잡아 자기 썰매에 던지고는 쏜살같이 도망쳤다. 그러고는 그 아이를 자기 집에 던져 놓고 자신은 바로 나갔다.

이때 아이에게 한 노파가 다가와 말했다.

"자, 얘야. 할아버지는 개들을 썰매에서 풀려고 나갔단다. 할아버지가 돌아오면 너에게 음식을 먹으라고 줄 것이다. 집에 돌아가고 싶으면 할아버지가 주는 음식을 먹지 마라. 여기 남아서 그 사람의 아이가 되고 싶으면 먹어라."

할아버지가 들어와서 그에게 음식을 주었지만 아이는 아무것도 입에 대지 않았다. 그렇게 전혀 손도 대지 않고 앉아 있었다. 아이의 아버지는 러시아인 마법사였다. 그는 세 번이나 굿을 하라고 샤먼들을 불렀지만 아무 소용이 없었다. 다만 그 샤먼들은 그에게 이렇게 말할 뿐이었다.

"당신의 아이는 대지의 주인 영혼이 데려갔다오."

아이가 거기에 앉아 있을 때 방울 단 소고를 울리는 소리가 세 번 울렸고 샤먼의 목소리가 들렸다.

"문을 여시오, 아이를 내놓으시오."

이렇게 말했다. 오랫동안 열리지 않자 샤먼들은 부질없이 돌아갔다.

그래서 아버지는 대지의 주인 영혼의 집으로 아이를 직접 찾아가기로 결심하고 땅을 기어 올라가서 오줌을 누기 시작했다. 대지의 주인 영혼은 화가 치밀어 아이를 붙잡아서 썰매에 던져 놓고 도망쳤다. 집에 도착해서 거기 놓여 있던 통나무에 아이를 앉혀 두었다. 아이가 집에서 사라진 지 석 달이 지난 후에 그곳에서 아이를 찾았다.

대머리 청년

한 공후와 백작이 살고 있었는데 둘 다 아들이 있었다. 둘은 돌간인이었다. 청년들은 함께 자랐고 아주 친한 친구들이었다. 이 사람들은 오랜 옛날부터 유목을 했다. 어느 가을 북극여우를 잡을 덫을 놓을 때가 되었다. 미끼를 먼저 던져 놓았다. 두 청년은 개를 데리고 덫을 놓으러 갔다. 덫을 많이 놓고 사냥 천막에서 살기 시작했다.

어느 날 저녁 개를 묶어 놓고 생선 기름 등잔에 불을 밝히고 차를 마시고 있었다. 갑자기 썰매가 삐걱거리는 소리가 들렸다. 공후의 아들이 말했다.

"착한 사람이 온 것일까?"

그는 앉아서 담배를 피웠고 친구는 무사태평하게 사지를 쭉 펴고 누워 있었다.

듣다 보니 개가 짖기를 멈추었다. 누군가의 발자국 소리가 들렸다. 공후의 아들이 말했다.

"무서워."

그런데 친구는 전처럼 무사태평하게 누워 있었다.

천막 덮개가 열렸다. 천막으로 매우 뚱뚱한 여자가 겨우겨우 기어들어 왔다. 옷과 모피 모자에 온통 진주와 구슬이 달려 있었고 겉보기에는 매우 부자 같았다. 백작의 아들이 친구에게 말했다.

"손님께 차를 대접해."

공후의 아들이 일어나서 아궁이에 불을 지피고 차를 끓였다. 그 여자는 얼굴을 보여 주지 않았고 말을 하지도 않았다. 청년은 성냥을 켜서 생선 기름에 불을 붙였고 여자가 앉아서 웃고 있는 것을 보게 되었는데 이가 하나밖에 없었다.

장작을 가지러 나가서 개를 썰매에 맸다. 그러고 보니 여자의 썰매에 개가 여섯 마리 매여 있었다. 천막으로 들어와서 손님을 대접했다. 그리고 말했다.

"가서 물로 쓸 얼음을 가져올게요."

그는 개썰매에 놓아두었던 겉옷을 챙겨서 나갔다. 또다시 들어와서 여자에게 앉았던 자리에서 자라고 하면서 깔개로 쓰도록 사슴 가죽을 주었다. 등잔을 껐다. 다들 자려고 누웠다.

백작의 아들이 친구에게 말했다.

"친구야, 그 여자는 처녀잖아! 좀 친하게 지내 봐. 뭘 그렇게 두려워해? 안 그러면 내가 직접 그녀한테 간다."

친구가 물었다.

"내가 나가면 아가씨한테 가라."

그리고 나갔다. 그는 겉옷을 입고 자기 썰매에 앉아 있었다.

조금 시간이 흐르자 죽기 직전에 내는 외침 소리가 들렸다.

"아이고, 아파! 살려 줘!"

그러자 공후의 아들은 썰매의 고삐를 잡고 도망쳤다. 뒤에서 여자의 외침 소리가 들렸다.

"알았다면 바로 먹어 버렸을 텐데!"

청년은 돌아와서 자기 아버지 공후에게 모든 것을 말했다. 공후는 백작과 함께 일곱 천막의 사람들을 모아서 논의하기 시작했다.

탐색하라고 두 청년을 보냈다. 두 청년이 얼마 동안을 가서 저물기 전에 그곳에 도착했다. 그곳을 보니 아무도 없었고 흔적도 없었다. 천막 안으로 들어가니 뜯어 먹고 남은 청년의 뼈만 있었다.

두 청년은 돌아왔다. 공후에게 그 사실을 말했다.

그 지역에는 완전히 대머리인 한 청년이 어머니와 함께 살고 있었고 사슴 한 마리만을 가지고 있었다.

공후와 백작은 상의하기 시작했다.

"어떻게 할까? 우리 땅을 빼앗긴 채로 내버려 두면 안 되잖나? 게다가 거기에 방목도 해 놓았는데…."

귀족은 말했다.

"대머리 청년을 보냅시다. 만약 청년이 그 여자를 죽이면 내 딸을 시집보내겠소."

그 청년을 불러서 모든 것을 말했다. 이런 세상에! 불쌍한 청년은 혼자 가야만 했다. 총도 아무것도 없이 개들만 주었다. 대머리 청년은 집에 와서 울기 시작했다. 어머니가 물었다.

"무슨 일이냐?"

대머리 청년이 모든 것을 말했다.

"어딘가에 아버지의 지팡이가 있을 게다. 그것을 가져가렴."

불쌍한 어머니는 완전히 녹슨 지팡이를 가져왔다.

곧 청년은 떠났다. 어쩌겠는가? 그곳에 도착하니 아무도 없었고 사람 뼈만 있었다. 어두워지자 천막 안에서 등잔을 밝혔다. 사람들이 잘 때가 되자 썰매가 삐걱거리는 소리가 들렸다. 개들도 짖지 않았다. 등잔을 끄고 기다렸다. 시끄러운 소리가 들렸다. 천막 안으로 뚱뚱한 여자가 겨우 기어들어 오기 시작했다. 한쪽 다리를 들여놓자마자 대머리 청년은 지팡이를 그녀의 겨드랑이에 쑤셔 넣었다. 그리고 그녀의 손에서 빠져나가서 도망쳤다.

대머리 청년은 밤에 집에 도착했다. 불쌍한 어머니는 잠자지 않고 그를 기다리고 있었다. 아침에 어머니는 모든 것을 공후에게 말했다. 공후는 그 청년을 불렀다.

"자, 어떻게 되었지? 그 여자를 죽였느냐?"

"모르겠어요."

청년이 이렇게 말하면서 있었던 일을 이야기했다.

사람들은 다시 논의를 했다. 여섯 사람을 탐색하러 보냈고 백작도 같이 갔다.

그들은 사슴과 말을 타고 떠났다.

아직 해가 있을 때 그곳에 도착했다. 천막의 윗부분은 찢겨져 있었고 덮개는 열려 있었다. 천막 안을 들여다보니 부어오른 배를 하고 여자가 누워 있었다.

귀족이 명령했다.

"천막을 불태우자!"

그들은 여자의 시체와 함께 천막을 불태웠다.

대머리 청년은 귀족의 딸을 아내로 맞아서 부유하고 행복하게 살게 되었다.

외눈박이 아가씨

옛날에 한 독일 공후가 아들과 함께 살고 있었다. 겨울에 독일인들은 바다에서 흰 돌고래를 잡았다. 그 젊은 공후는 흰 돌고래를 잡기 위한 얼음 구멍을 뚫으러 바다에 갔다. 그런 다음 돌아오려는 순간 그가 있던 얼음덩이가 해변에서 떨어져 나갔다. 그는 사흘이나 해변에 닿을 수 있는 곳을 찾아다녔다. 극도로 배가 고파 참을 수가 없게 되자 사슴 세 마리 중 한 마리를 잡아서 날것으로 먹었다. 그런 다음 다시 얼음덩이에서 내려 보려고 했지만 실패하고 사슴 두 마리도 잡아먹고 말았다. 그의 얼음덩이는 쪼개져서 샤먼의 방울 달린 소고만큼 작아지게 되었다. 얼음덩이는 파도에 밀려가 섬의 해변으로 갔고 나무들이 있는 쪽에 가 닿게 되었다.

그는 섬으로 올라갔다. 섬에는 나무가 많이 자라고 있었다. 어디선가 도끼 찍는 소리가 들렸다. 온 힘을 다해서 그 쪽으로 가 보니 자그마한 처녀가 등을 보이고 서서 나무를 도끼로 찍고 있었다. 처녀가 뒤돌아섰는데 이마에 눈이 하나만 박혀 있었다. 사람을 발견한 처녀는 놀라서 도끼를 버리고 도망쳤다. 그 처녀는 자기 사람들한테 달려가서 본 것을 말했다. 그러자 몇몇 사람들이 거기로 가서 놀라서 기절

한 독일인을 사슴 가죽 위에 눕혀 데려왔다.

그 사람들이 독일인을 데려왔을 때 머리칼이 눈처럼 흰 한 노인이 말했다.

"다들 뭘 그리 놀라는 게요. 올론그코[2]에도, 옛이야기들에도, 기록에도, 세상 어딘가에 두눈박이 민족이 산다고 나와 있지 않소. 자, 굶주린 사람에게 너무 많이는 주지 말고 어서 먹을 것을 주시오. 자기 종족을 잃고 헤맸으니 이 불쌍한 사람은 틀림없이 쇠약해져 있을 거요."

그 사람들은 부유한 민족이었고 북극여우나 여우들이 스스로 그들 대문에 찾아들었다. 독일 공후는 이곳에 정이 들기 시작했다. 그가 정착한 가정에는 두 딸이 있었는데 그의 아버지가 큰딸을 공후에게 시집보내려고 했다. 그를 처음 발견했던 처녀는 자기 언니를 질투하기 시작했다.

"업둥이한테는 내가 시집가야 해."

처녀는 울면서 말했다.

아버지는 처녀의 말은 상관하지 않고 어쨌든 큰딸을 청년에게 시집보냈다. 1년 후 두눈박이 아들이 태어났다. 그렇게 그들은 오랫동안 살았다.

---

2) 돌간족의 설화 중에서 영웅이 등장하는 이야기를 말한다. 돌간족은 옛날이야기처럼 영웅 이야기를 아이들에게 자주 들려주었다.

이 외눈박이 사람들은 수가 많은 민족이었다. 어느 날 그들의 황제가 공물을 모으러 배를 타고 도착했다. 독일 공후의 장인에게 황제의 사람이 도착했다.

"당신한테 두눈박이 사위가 있다고 들었소. 황제가 보시길 원하오."

장인이 사위에게 말했다.

"여보게, 가게나. 황제가 자네를 보기 원한다네. 가지 않으면 우리 목을 벨 것이네."

공후는 황제에게 갔다. 황제가 말했다.

"나는 여기서 너를 부자로 만들어 주겠다. 너는 여기 있겠느냐, 집으로 가겠느냐?"

이 말에 공후가 대답했다.

"돌아가겠어요."

황제가 이 말을 듣고 말했다.

"네 나라는 멀고도 멀다. 물이 가듯이 빨리 도착할 수가 없다. 나는 누구라도 너를 지체 없이 데려다주라고 편지를 써 주겠다."

이렇게 말하고 편지를 주었다.

그는 이 편지를 받고도 거기서 몇 년을 더 살았다. 그렇게 살다가 아내와 함께 길을 떠날 채비를 했다. 그러자 여동생이 울기 시작했다.

“내가 발견한 업둥이와 떨어질 수 없어요. 그와 함께 가겠어요.”

그 처녀는 언니한테 이렇게 말했다.

“언니한테는 그를 기억하고 귀여워해 줄 두눈박이 아이가 있잖아. 내가 그와 함께 갈게.”

그녀의 아버지는 동생의 말에 동의해서 그렇게 하라 허락했다. 그렇게 동생이 그와 함께 떠났다. 이렇게 그들은 오랫동안 길을 가서 자기 나라에 도착했다. 이렇게 전해진다.

온통 털로 덮인 사람들

옛날에 한 사람이 개썰매를 타고 툰드라로 갔다. 도중에 그는 눈 위에서 거대한 사람의 발자국을 보았다. 발자국의 크기가 야생 동물을 사냥할 때 엄호용으로 쓰는 튜르게[3] 자리만 했다. 그 사람은 젊었고 별로 겁이 없었지만 낮에 곧바로 그 발자국을 따라갈 엄두는 내지 못했다.

저녁때가 되기를 기다렸다. 밤이 되자 개썰매를 타고 발자국을 따라갔다. 거대한 사람들의 발자국은 더 많아졌다. 어마어마하게 큰 바라크에 다가가게 되었다. 매우 커다란 짐 썰매가 서 있었다. 개들의 썰매를 반대쪽으로 세워 두고 도착한 그 사람은 바라크에 기어 올라가서 연통을 들여다보았다. 아궁이에 불은 꺼져 있었고 숯들만 빨갛게 타고 있었다.

갑자기 한 사람이 올론그코를 언급하는 것이 들렸다.

"사람들이 그러는데 하얀 황제가 있다네. 그 하얀 황제는 투구트[4]의 가죽을 입는다는군. 사슴의 뒷다리로는 점심

---

3) 야생 사슴을 사냥할 때 숨어 있는 사냥꾼이 보이지 않도록 엄호용으로 사용하는, 두 개의 미끄럼대가 달린 방패다.

두 끼를 끓인대."

그러자 듣고 있던 사람들이 웃었다.

"정말 기이한 사람들이군."

이 말을 듣고 그 사람은 그들의 모습이 너무나 보고 싶었다. 옛날에는 보통 사람들이 부싯돌과 함께 나무토막이나 진피리버들의 마른 톱밥을 가지고 다녔다. 그것으로 불씨를 일으켜 불을 피웠다. 그 사람한테는 마른 톱밥이 있었다. 이것에 불을 놓아 연통에 던졌다. 톱밥이 숯에 떨어지더니 갑자기 번쩍 불이 타올랐다. 이때 그는 아궁이 앞에 앉아 올론그코를 이야기하는 사람을 보았다. 그 사람은 벌거벗은 채였는데 몸이 온통 털로 덮여 있었다.

이것을 보고 놀란 그 사람은 바라크에서 뛰어내려서 개썰매를 타고 멀리 도망쳤다. 뒤돌아보니 털이 많은 사람이 그를 뒤쫓고 있었다. 털 많은 사람은 그 사람을 따라잡아서 썰매의 뒤쪽 받침목을 잡아챘다. 뒤쪽 받침목이 그의 손에 남았다. 머리털이 많은 사람은 고래고래 소리쳤다.

"하얀 황제의 사람들아, 다시 올 생각은 추호도 하지 마라. 우리는 세상에 우리 소문이 떠돌아다니는 것을 싫어한다. 장차, 어느 누구라도 우리 쪽으로 오기만 하면 절대로

---

4) 한 살이 되지 않은 사슴 새끼를 말한다.

돌려보내지 않겠다!"

작은 천막의 불꽃

높다랗게 눈이 쌓인 먼 곳에 오래된 작은 천막이 있었다고 한다. 이 천막에 매일 저녁 불이 보이기 시작했다.

그 마을에 한 청년이 살았다. 그는 상인의 집 일꾼이었다. 사람들은 놀라 물었다.

"거기에 무슨 불이 보이는 것일까?"

그러자 청년이 상인에게 말했다.

"내기를 하시죠. 제가 가서 알아보고 올게요. 제가 지면 평생 공짜로 일을 할게요. 하지만 제가 이기면 돈을 주세요."

상인이 그러겠다고 했다.

청년은 저녁에 개썰매를 타고 출발했다. 천막에 도착해서 들어가 보니 얼굴이 온통 털로 덮인 사람이 앉아 있었다. 조심스럽고 신중하게 일꾼은 의자에 앉았다. 얼굴이 온통 털로 덮인 사람은 음식을 끓여서 먹으려는 참이었다. 그는 음식을 내놓으며 말했다.

"드시오."

청년은 음식을 먹고 자려고 누웠다.

아직 청년이 일어나지 않은 아침에 얼굴이 온통 털로 덮인 사람은 썰매를 타고 나갔다. 청년은 일어나서 생각했다.

'내가 여기 왔다는 것을 어떻게 증명하지? 그 사람이 어디로 갔는지 알아서 증거를 가져와야겠다.'

이렇게 생각하고 오솔길을 따라 가서 돌산에 도착했다.

그 산으로 몰래 가보니 온 산이 파헤쳐져 있었다. 안에서 많은 사람들의 소리가 들렸다. 구멍을 통해 들여다보니 거기 있는 사람들은 모두 얼굴이 온통 털로 덮여 있었다. 몰래 다가가서 숨어들어 갔다. 어느 바라크에 들어가서 자리를 잡고 앉았다. 거기에는 한 여자가 있었다. 그녀는 조용히 물었다.

"무슨 일로 오신 거죠?"

이 말에 청년이 대답했다.

"별일 아니오."

그러자 이 여자는 무엇인가 부드러운 것을 그에게 내밀었다. 보지도 않고 청년은 그것을 주머니에 넣었다. 여자가 말했다.

"자, 어서 떠나세요. 여기서 우리 사람들이 당신을 발견하면 화를 면치 못할 거예요."

이 말을 듣고 청년은 나와서 썰매를 타고 서둘러 떠났다. 도중에 돌아보니 그의 뒤를 한 사람이 쫓아오고 있었다. 그 사람이 따라잡는 것을 보고 있는 힘을 다해 개들을 몰았다.

털로 온통 덮인 얼굴을 한 사람이 손으로 썰매의 뒤 받침목을 붙잡았고 두 개를 잡아 빼 버렸다. 뒤에 남겨진 얼굴이 온통 털로 덮인 사람은 고래고래 소리쳤다.

"나한테 걸리기만 하면 쓴맛을 보여 줄 테다!"

청년은 집으로 돌아와서 말했다.

"징표를 가져왔어요."

청년은 주머니에서 부드러운 것을 꺼냈다. 그것은 검은 여우의 털이었다.

그러자 상인은 그에게 많은 돈을 주었다. 이렇게 해서 일꾼은 부자가 되었다.

이것을 노인들은 이렇게 설명했다.

"너는 황제의 인두세를 피하기 위해 옛날에 도망쳤던 사람들한테 갔던 거다. 그 사람들은 숨어서 산 안에 거처를 마련한 거다. 네가 숲 속 천막에서 만났던 사람은 아마 그들 중 직업적인 사냥꾼일 것이다."

리이피르다안

리이피르다안이 살고 있었다. 리이피르다안은 계속 어딘가를 배회하고 있었다. 어느 날 그는 아내와 함께 있는 남자를 마주쳤다. 남자에게는 아들도 있었다. 남자는 아내와 함께 유목을 하고 있었다. 어둠이 깔린 저녁에 남자는 한 곳에 머물게 되었다. 남자는 자기 전에 신발을 벗었다. 불이 여러 번 탁탁 튀면서 소리내기 시작했다.[5] 남자는 놀라지 않고 생각했다. '나는 낮에 무사히 잘 돌아다녔는데 무슨 일이지? 왜 내 불이 탁탁 소리를 내지?' 그리고 그는 잠자리에 들었다.

밤에 리이피르다안이 와서 은빛 활과 무기를 가지고 있던 남자를 죽였다. 남자의 아내는 어린아이와 함께 도망쳤다. 여자는 가진 것이 아무것도 없게 되었고 작은 토굴집에서 살기 시작했다.

아이는 자랐다. 전설에 따르면 이런 아이는 빨리 자란다.

---

5) 돌간족에게 모닥불이나 화덕에서 나무가 조용히 타지 않고 여러 번 튀면서 소리를 내며 타는 것은 좋지 않은 일이 일어날 것이라는 징조로 여겨졌다.

소년은 마당으로 나갔는데 지붕 위에 새하얀 무엇인가가 뛰어다녔다. 그는 어머니에게 돌아와서 이에 대해 이야기했다.

"아마도 메추리들이 뛰어다니나 보구나."

"오, 만약에 아버지가 계셨다면 무슨 방법을 짜내셨을 텐데요."

어머니는 소년에게 아버지에 대해 아무것도 이야기하지 않았다.

어머니는 자신의 머리칼을 잘라서 올가미를 엮었고 소년은 올가미를 놓기 시작했다. 그렇게 메추리들을 잡아서 먹고 살았다. 소년은 계속 캐물었다.

"저한테도 아버지가 계셨나요?"

어머니는 아버지에 대해 아무 말도 하지 않았고 숨겼다.

리이피르다안은 또다시 사람들을 죽이려고 찾아다녔다. 아들과 사는 한 노파에게 갔다. 거기서 갑자기 굵은 잎갈나무가 있는 것을 보게 되었다. 이 나무에 노파의 아들은 활을 걸어 두었다. 리이피르다안은 이렇게 물었다.

"이건 누구의 활이오? 누구와 살고 있는 거요?"

노파가 말했다.

"아들이 있다오."

"가만, 그런데 왜 자기 활을 걸어 두었소?"

"이 활은 아들한테 약해서 걸어 두었다오." 노파가 대답했다.

거기에는 또 크고 둥그런 바윗돌이 놓여 있었다. 리이피르다안이 돌에 대해 또 물었다.

노파가 대답했다.

"아들이 심심하면 이 돌을 공처럼 갖고 논다오. 그 돌을 발로 차면 저 산까지 굴러갔다가 도로 굴러온다오. 그렇게 보통 논다오."

리이피르다안은 말했나.

"내일이 내 명명일이오. 당신 아들도 오면 좋겠소."

아들이 집에 돌아오자 어머니는 모든 것을 이야기했다.

"너를 초대한다는구나."

그렇게 해서 아들은 리이피르다안에게 갔다. 리이피르다안은 자기 사람들에게 미리 말해 두었다.

"그 사람을 에워싸서 죽입시다."

손님이 오자 바로 그를 에워쌌다. 그를 죽이기로 합의했기 때문이었다.

그러나 리이피르다안은 그를 보자 옛날에 자신이 죽인 사람의 아들임을 알아보고 깜짝 놀라서 말했다.

"어쩔 셈이냐?"

손님이 말했다.

"노인 양반, 당신이 나를 죽이려 한다는 것을 알고 있소. 나한테 작은 칼 하나만 있어도 당신들 모두를 한 번에 죽일 수 있었을 거요."

"무슨 소리냐. 그러지 마라. 내 딸과 결혼해라."

손님은 리이피르다안의 딸과 결혼했다.

어른이 된 청년은 계속해서 아버지의 살인자를 찾아다녔다. 성인이 되어서는 아버지가 죽임을 당한 장소에 항상 찾아갔다. 어느 날 거기에 누워 있는데 그의 옆으로 두 사람이 지나갔다. 그들 중 한 사람은 꽁꽁 언 곰 고기를 가지고 있었다. 이때 그의 길동무가 말했다.

"바로 여기가 리이피르다안이 은빛 화살을 가진 사람을 죽인 곳이야. 그 사람의 아들은 살아 있어."

청년은 은빛 화살을 가진 사람이 자신의 아버지라는 사실을 알게 되었다. 청년은 그 사람들한테 고래고래 소리치기 시작했다. 그 사람들은 청년을 그 땅의 주인 영혼이라고 착각하고 곰의 몸뚱이를 놓아두고 도망쳤다. 청년은 곰 고기와 그들이 잡은 흰돌고래를 가지고 갔다. 물론 그 고기들은 먹었다.

어머니가 아들이 늦게 왔다고 혼쭐을 냈다.

"왜 그렇게 오랫동안 나갔다 왔니? 네가 죽은 줄 알았다."

아들은 어머니의 말을 전혀 듣지 않았다. 집요하게 아버지를 죽인 살인자를 찾아다녔다.

어떻게 해서 그는 리이피르다안 노인의 집을 알게 되었다. 모두가 잠든 밤에 거기에 도착했다. 자고 있던 리이피르다안의 두 발에 있는 중요한 힘줄들을 화살로 끊어 버렸다.

"장인의 만행 때문에 이렇게 내가 죽는구나. 네 아버지를 죽인 것은 내가 아니지만, 차라리 나를 죽여라. 이제 어떻게 내가 살겠느냐!?"

리이피르다안의 사위가 말했다. 그래서 청년은 그 사람을 죽여 버렸다.

그의 말을 듣고 청년은 결국 리이피르다안도 죽였다. 그리고 재물과 재산을 집으로 가져갔다. 재산을 가지고 어머니와 부유하고 풍족하게 살았다.

고아 형제

고아 형제가 살았다. 형제에게는 남은 재물이 하나도 없었다. 오직 다섯 개 장대가 있는 천막과 다섯 개의 올가미뿐이었다. 형제는 태어날 때부터 째진 눈의 사람도 길쭉한 발을 가진 사람도 한 번도 본 적이 없었다. 동생은 아직 어려서 겨우 혼자 옷을 입었다. 형은 덫과 올가미로 메추리, 토끼 등을 잡았고 그것들을 먹고 살았다.

어느 날 매우 일찍 일어난 형은 덫과 올가미를 둘러보러 나갔다. 그러나 동생이 침상에서 일어나지도 않았는데, 곧바로 돌아왔다. 동생이 물었다.

"왜 이렇게 빨리 돌아왔어?"

형이 그에게 말했다.

"우리는 이제 죽었어. '천막 짓는 사람들'이 전쟁하러 온대. 열 가정이나. 이제 더 이상 밖으로 나가지 마."

동생은 이 말을 들었는지 못 들었는지, 밖으로 뛰쳐나갔고 형은 그의 옷자락을 잡을 새도 없었다. 동생이 나가 마당에서 소변을 보면서 둘러보니 사슴 가죽 겉옷을 입고 창을 든 한 사람이 네 마리의 흰 사슴이 끄는 자작나무 썰매를 타고 오고 있었다. 그 사람은 창으로 천막 덮개를 찔러서 사슴들을 묶어 놓았다. 그리고 청년에게 물었다.

"우리가 여기 사람들한테 묵으려는데, 사람들이 좋아하는가, 아니면 좋아하지 않는가?"

그 말에 청년은 이렇게 대답했다.

"날 때부터 우리는 째진 눈의 사람도, 길쭉한 발의 사람도 한 번도 보지 못했는데 왜 우리가 마음에 들지 않겠어요? 더구나 친구면 더 그렇죠."

청년이 소변을 다 보기 전에 이 열 가정은 그들의 천막 주위에 천막을 세우기 시작했다. 청년은 자신의 거처에 들어가지도 않고 유목했던 사람들을 계속 도왔다. 사슴들을 풀어서 놓아주는 것을 도운 다음 한 노인이 장작 패는 것을 돕기 시작했다. 마침내 원추형 천막들이 세워졌다. 노인과 함께 그는 한 천막으로 들어갔다. 거기서 남자들은 모두 가만히 앉아 있고 여자들이 자신들에게 음식을 가져다주었다. 이것을 보고 놀라면서 그는 노인에게 매우 아름다운 딸이 있다는 것을 알게 되었다. 그는 딸에게 호감을 느꼈다. '만약 그녀가 형수가 된다면 우리에게 음식을 해 줄 것이고 그러면 얼마나 좋을까' 하고 속으로 생각했다. 이웃들이 대접을 아주 융숭하게 해서 배부르게 먹은 후 그는 집으로 갔다.

청년은 집에 와서 형에게 말했다.

"오, 우리 이웃들은 인심이 아주 후하더라고. 남자들은 손가락 하나 까딱 안 하고 여자들이 다 해 줘. 그 사람들의 딸을 아내로 삼는다면 우리에게 요리를 해 줄 텐데."

형이 괴로워했다.

"그 사람들은 우리를 죽이러 온 것이지 딸을 시집보내러 온 것이 아니야."

"형이 안 간다면, 내가 가서 청혼을 해 볼래."

청년이 말했다.

형은 말렸다.

"너를 죽일 거야. 가지 마. 쓸데없는 말 하지 말라고. 우리같이 꾀죄죄한 사람들한테 어떤 여자가 시집오겠어?"

청년은 듣지 않고 뛰쳐나갔다. 이웃들이 자려고 누웠을 때 청년은 한 처녀에게 숨어들어서 간청하기 시작했다. 처녀는 그를 들여놓지 않고 말을 들어 주지 않았다.

"무슨 일이세요. 저한테는 남편이 있어요. 남편이 당신을 죽일 거예요!"

이 말에 청년이 말했다.

"죽일 테면 죽이라지요. 죽음이 무엇인지도 모르겠으니 한 번 보죠! 만약 죽음이 좋으면 나도 그를 죽여 주죠."

이렇게 말했다.

그는 처녀를 아침까지 괴롭히며 잠을 자지 못하게 했다. 처녀가 말했다.

"나와 결혼할 사람이라야 함께 잠자리에 들 수 있어요. 당신이 우리와 유목을 하러 다닐 수 있다면요."

"물론이죠. 나는 당신들과 함께 떠나겠어요! 남편이 되겠어요."

청년이 말했다.

그렇게 청년은 처녀와 밤을 지냈다.

그가 물었다.

"자, 당신의 남편은 어디에 있소?"

"하얀 겉옷을 입고 흰 사슴 네 마리가 끄는 자작나무 썰매를 타고 창을 든 사람이 남편이에요. 이름은 욜 아타마안이에요."

청년은 뛰어나갔다. 아침이었고 이미 날이 샜다. 욜 아타마안은 네 마리의 흰 사슴을 묶고 있었다. 청년은 그에게 뛰어갔다.

"어디로 가세요?"

청년이 물었다.

"야생 사슴을 잡을 줄 모르는 사람들인 당신들에게로 그 사슴들을 사냥하러 가는 길이오."

"자, 좋아요. 내가 당신께 왔어요."

청년이 말했다.

"왜요?"

"노인이 딸을 내게 주려 하겠소? 당신이 내 중매인이 되어 주시오."

청년은 이렇게 말했다. 그는 이렇게 담이 큰 사람이었다.

"예, 사냥에서 돌아오면 가서 중매쟁이가 되겠소."

그리고 친구는 야생 동물을 사냥하러 떠났고 청년은 형에게 갔다.

형에게 들러 보니 그는 이불로 몸을 감싸고 누워서 얼굴을 벽 쪽에 돌리고 자고 있었다. 그렇게 형을 깨우지 않고 앉아서 조금 요기를 했다. 형은 일어나지 않았다. 그렇게 앉아 있는데 욜 아타마안이 천막의 문 쪽으로 기름진 암사슴 고기를 던졌다.

"이것을 먹고 나한테 오시오!"

그는 이렇게 말했다.

청년은 사슴을 손질해서 고기를 끓여 먹고 욜 아타마안에게 갔다.

갔더니 그가 계속해서 잘 먹이고 대접했다.

"노인이 딸을 당신에게 시집보내기로 했소. 내일 결혼식을 올립시다. 내일은 유목지를 이동하지 않고 여기에 더 있을 거요. 이제 아내와 가서 자시오!"

그가 말했다.

청년은 아내와 자러 갔다.

다음 날 아침 결혼식을 올렸다. 결혼식에 아무리 초대를 해도 형은 오지 않았고 그림자도 비치지 않았다. 그렇게 결혼식을 올렸고 청년은 결혼했다. 아내네 집에서 청년은 잤다. 잠에서 깨 보니 사람들이 천막 덮개의 반을 이미 벗기고 있었다. 여기저기를 둘러보았다. 이웃들이 모두 짐을 싸서 시끌벅적하게 유목지를 이동하기 시작했고 그들만 남아 있었다. 청년은 자기도 모르게 벌떡 일어나서 사슴 매는 것을 돕기 시작했다. 이때 아내가 말했다.

"이제 그들이 당신한테 걸어서 가라고 할 거예요. 그러다가 도중에 죽일 거예요. 걸어서 가라고 할 텐데요. 그래도 우리와 함께 가겠어요?"

"가겠소! 태양빛이 사라지지 않는 한 계속 걸어가겠소!"

그들은 짐을 꾸리자마자 바로 출발했다. 청년은 자유로운 사슴 떼와 함께 남았다. 욜 아타마안은 네 마리의 흰 사슴을 타고 그에게 다가왔다.

"여보게, 앞장서서 이동하는 사람들한테서 사슴 떼가 뒤떨어지면 안 된다네."

이렇게 말하고 곧장 떠났다.

청년은 정박지에서 앞장서서 무리로 이동하는 사람들과 나란히 사슴 떼를 몰았다. 그들은 유목을 하면서 그에게는 먹을 짬도 주지 않고 사슴을 지키라고 시켰다.

"사슴 떼를 아침 일찍 몰아가게."

욜 아타마안이 말했다.

청년은 아직 어둠이 깔렸을 때 사슴 떼를 모으기 시작했지만 몰고 나니 이미 날이 샌 후였다. 유목민들은 모든 짐을 싸고 채비를 갖춘 채였고 천막은 이미 해체한 후였다. 사슴들을 잡아서 차례대로 타고 출발했다. 유목민들이 모두 떠났다. 또다시 그는 혼자 남았다. 욜 아타마안은 또다시 말했다.

"여보게, 앞장서서 이동하는 사람들한테서 사슴 떼가 뒤떨어지면 안 된다네."

이렇게 말한 후 또다시 떠났다.

청년은 걸어서 사슴 떼를 쫓아갔다. 자유로운 사슴들은 그의 말을 듣지 않았고 시간이 지남에 따라 유목민들을 시야에서 잃어버리기도 하면서 겨우 정박지 쪽으로 사슴 떼를 몰아갔다. 그들은 그에게 먹을 것도 주지 않고 또다시 사슴 떼를 지키라고 시켰다. 그렇게 그는 사슴 떼와 함께 밤을 지냈다.

"아침 일찍 사슴 떼를 몰아가게!"

욜 아타마안이 말했다.

청년은 한밤중부터 사슴 떼를 몰기 시작했지만 정오에서야 정박지에 도착했다. 도착하자 유목민들은 사슴을 잡아서 타고 떠나기 시작했다. 아내한테 다가와서 사슴들을 묶는 것을 도왔다. 아내가 그에게 말했다.

"당신 이러다가 죽겠어요! 쇠약해졌어요. 다만 길을 가로질러 쓰러지지만 마세요. 길 가장자리에 넘어지도록 애를 쓰세요. 사람들은 당신을 경계하면서 당신이 공개적으로 덤벼들까 봐 두려워하고 있어요. 내가 당신께 먹을 것을 주지나 않나 걱정하면서 내가 주는 것을 혼자 다 먹는지 감시하고 있어요."

그렇게 말하고 아내는 길을 계속 갔다.

청년은 또다시 사슴 떼와 함께 걸어서 갔다. 이때 욜 아타마안이 다가왔다.

"여보게, 앞장서서 이동하는 유목민들한테서 사슴 떼가 뒤떨어지면 안 된다네. 왜 뒤처지는 겐가?"

그가 말했다. 사슴을 맨 마구를 돌리더니 욜 아타마안은 달려서 떠나갔다.

청년은 자유로운 사슴 떼를 몰았다. 그렇게 길 중간까지 따라가다가 갑자기 그의 눈앞이 캄캄해졌고 온 땅이 피로 덮인 것만 같더니 그가 이쪽저쪽으로 비틀거리다가 길을 가로질러 쓰러져 버렸다.

그렇게 길을 가로질러 누워 있을 때 욜 아타마안이 달려왔다.

"이 청년이 길 위 표식이 되었단 말인가?"

이렇게 말하면서 그는 세 개의 화살을 꺼냈다.

"화살에 피를 잘 뿌려 놓아야 하는 법이지!"[6)]

정오까지 그는 서 있었고, 누워 있는 사람을 조준했다.

그런 다음 말했다.

"갈매기 눈처럼 움푹 들어간 눈과, 뼈가 다 드러나 보이는 뇌를 가진 사람[7)]의 피는 어떠할까? 아마 이제 곧 죽겠군."

이렇게 말하고 활을 썰매에 넣고는 떠나갔다.

청년은 그렇게 누워서 괴로워했다. 그렇게 누워 있는 동안 뒤에서 누군가가 사슴이 끄는 썰매를 타고 다가왔다. 바로 그의 아내였다. 그녀는 길을 가로질러 누워 있던 사람을 길가로 옮겼다. 그런 다음 앞의 짐 썰매에서 말린 고기가 든 자루를 던졌다. 그리고 옷이 든 자루도 하나 던졌는데 거기엔 신발과 장갑이 들어 있었다. 그런 다음 남편의 칼로 마구에 걸려 있던 살진 암사슴을 찔렀다.

"이제 한 정박지만 지나면 오래 머물 유숙지에 도착해요.

---

6) 옛날에는 전투 전에 잔인한 영혼의 도움을 구하기 위해 사람 피를 무기에 뿌렸다.

7) 극도로 쇠약해진 사람에 대해 쓴 표현이다.

우리를 따라오게 되면 버려진 정박지를 살피세요. 당신께 어떻게든 표식을 남겨 둘게요. 거기서 싸울 채비를 갖추고 오세요."

이렇게 말하고 떠났다.

청년은 일주일 내내 잘 먹어서 살이 쪘다. 자루에 든 말린 고기와 사슴 한 마리를 전부 먹었다. 이레째에 새 옷을 차려입고 길을 떠났고 버려진 정박지에 도착했다. 거기에는 썰매 미끄럼대 버팀목이 박혀 있었다. 하나 남은 받침대에는 많은 힘줄이 묶여 있었다. 그 힘줄로 활의 시위를 엮었고 썰매 미끄럼대 버팀목으로 활을 만들었다. 받침대가 박혀 있던 자리를 파 보았더니 물새 부리를 발견할 수 있었다. 부리를 벼려서 화살촉을 만들었다. 그리고 온갖 옷과 음식도 찾아냈다. 그런 다음 계속 갔다.

그렇게 걸어가서 강 쪽으로 다가갔다. 강변 양쪽을 따라서 약 스무 개의 천막이 세워져 있었다. 얼음은 이미 없어지고 여름이 되었다. 천막에 다다르지도 않아서 강에서 세 마리 야생 사슴이 떠오는 것을 발견했다. 세 마리 모두를 죽였다. 그런 다음 천막으로 다가갔다. 매우 넓은 한 천막 안으로 뛰어 들어갔다. 그 천막은 아내 친척의 천막이었다.

"자, 일어나요. 내가 왔소."

그가 말했다.

아내가 일어나서 아궁이에 불을 지피기 시작했다. 이때 노인이 깼다.

"무엇을 먹으려고 하는 거냐? 왜 이렇게 일찍 불을 지피느냐?"

노인이 물었다.

"에이, 아버지 사위가 왔잖아요!"

여자가 말했다.

그리고 사위가 말했다.

"야생 사슴 세 마리를 죽였어요. 드세요!"

그러자 노인이 벌떡 일어났다.

"자네가 뒤처진 후에 우리는 물고기도 못 잡았고 짐승 고기도 못 먹었고 배가 고파서 죽게 생겼다네."

이 말에 사위가 말했다.

"야생 사슴들이 스스로 물로 기어 들어가고 물고기가 스스로 강변으로 뛰어나오는데 왜 배가 고파서 죽는단 말씀이십니까?"

"어떻게 알겠는가? 사냥꾼들이 잡지 못하고 있다고만 하니!"

노인이 말했다.

"그렇다면 이 고기를 각 가정에 나눠 주고 드세요."

사위가 말했다.

노인은 기뻐서 이불을 하늘로 던져 버렸다. 마당으로 뛰쳐나가 언덕에 앉아서 저쪽 강변에 사는 사람들에게 소리치기 시작했다.

"우리 사위가 왔다네. 와서 드시게!"

욜 아타마안은 다른 사람들을 모두 제치고 저쪽 강변에서 첫 번째로 헤엄쳐 왔다. 그러자 사위는 장인에게 다가가서 말했다.

"욜 아타마안은 내게 아주 비열하게 굴었어요. 아주 비열하게요. 그 사람한테 내 살과 내 피에 대한 대가를 받아내야겠어요!"

이 말에 노인은 말했다.

"비열하게 굴었다면 그 사람들을 모조리 죽여도 상관없네. 자네를 반대할 사람은 아무도 없으니!"

그러자 청년은 물새 부리로 만든 촉을 단 화살 세 대를 꺼내서 소리쳤다.

"욜 아타마안, 이게 바로 내 살과 피에 대한 대가다!"

그러면서 배를 타고 오는 사람에게 쏘았다. 화살을 피하려다가 욜 아타마안은 균형을 잃고 물에 빠졌다. 그의 사람들은 모두 깜짝 놀랐다.

"당신의 사람을 죽여서 놀랐습니까?"

사위가 물었다.

"당신에게 반대할 사람들은 모조리 죽여도 불쌍하지도 않고 놀랄 것도 없습니다!"

그 사람들이 말했다.

"필요한 때가 올 때까지 기다리겠소. 나는 당신들처럼 행동하지는 않을 거요."

사위가 말했다.

청년은 그곳에서 3년을 살았다. 3년째에 노인에게 부탁했다.

"예전에 내게는 아무 소용 없는 형이 있었고, 다섯 장대의 천막과 다섯 개의 덫과 다섯 개의 올가미가 있었습니다. 그 곳으로 가고 싶습니다."

"그럼, 물론이지. 가게나, 가! 여기서 어지간히 잘 살았네!"

그리고 노인은 재산을 나눠 주고 청년을 배웅했다.

청년은 고향 땅까지 이르렀다. 고향 땅에 도착해 집에서 형을 만나기를 기다리다가 사흘째에야 만나게 되었다. 형은 말했다.

"네가 떠난 후 3년 내내 나는 한 번도 쉬지를 못했다. 매번 적들이 찾아왔다. 나가서 집의 양쪽을 좀 봐라!"

청년이 나가서 둘러보았다. 집 양쪽에 용사들의 뼈로 된 언덕이 집보다 더 높게 쌓여 있었다. 형과 입맞춤을 하고 껴안고 나서 형수에게 갔다. 먹고 마신 후에 잠자리에 들었다. 자정쯤에 여자가 잠꼬대를 하기 시작해서 겨우 그녀를 깨울 수 있었다.

여자가 말했다.

"제 아버지는 유명한 샤먼이에요. 그는 사돈을 만나지 못한 채 떠났어요. 그래서 사돈을 보기 위해 죽음의 새 욕쇼코[8]를 보냈는데 그 새가 내일 아침에 날아와서 우리 집의 중심 장대에 앉을 거예요. 둘 중에 더 나은 궁수가 즉시 그 새를 죽여야 해요."

형은 이 말을 들었는지 못 들었는지 화살을 세 대 준비했다.

날이 밝자마자 그 새가 날아와 앉았는데 중심 장대가 휠 정도였다. 새는 사돈을 보려고 집의 연통에 목을 쑥 집어넣었다. 형이 화살로 새의 머리를 잘랐더니 머리는 아궁이에 떨어졌고 몸뚱이는 밖으로 굴러갔다.

"내게 찢어진 천막 덮개 조각을 줘라. 화살도 칼도 필요

---

8) 돌간족의 민담이나 신화, 전설, 영웅 이야기인 올론그코에 자주 등장하는 새들의 왕이다. 머리가 두 개 달린 모습으로 표현되기도 하고 커다란 독수리로 표현되기도 하며 자유로이 변신을 한다. 욕쇼코, 욕쇼큐, 욕쇼쿠 등 다양하게 불린다.

없다!"

그들에게 형이 말했다.

찢어진 천막 덮개를 가지고 형은 유목민이 이동하는 오솔길을 따라 갔다. 저녁 무렵에 마주 오고 있는 유목민들을 만났다. 청년의 장인이 그들에게 전쟁하러 오는 길이었다.

천막 조각을 단단히 휘감고 형은 썰매 사이의 눈 더미 위에 누웠다. 그렇게 누워서 보니 사람들이 자기 전에 천막에서 나왔다가 다시 들어갔다. 지팡이를 든 뚱뚱한 노인이 가장 마지막으로 나왔다. 노인은 변을 보기도 전에 바로 소리치며 들어갔다.

"어쨌든 나는 우리 사람들이 가장 훌륭하다고 생각한다. 누가 와서 썰매 사이에 누워 있는 건가? 가서 데려와라!"

용사 두 명이 뛰어와서 보니 천막 덮개를 휘감은 얼어붙은 시체가 누워 있었다. 그를 노인의 천막으로 데려갔다.

"자, 어떤가? 살아 있는가?"

노인이 물었다.

"숨을 쉬는 것 같기도 하고 안 쉬는 것 같기도 해요. 꽁꽁 얼었어요!"

"자, 만약 숨을 쉬면 몸을 데워 주고 따뜻한 고깃국을 먹이게!"

노인이 말했다.

손님은 대화할 수 있는 상태가 되었다. 그러자 노인이 물었다.

"청년, 어디서 오는 길인가?"

이 말에 형이 대답했다.

"우리 가족은 일곱 명이었는데 당신들과 함께 유목하려고 오는 길이었습니다. 도중에 사람을 두 명 만났는데, 그 사람들이 우리 모두를 죽였고 나만 살아남았습니다."

노인이 말했다.

"오, 아마도 우리의 사돈인가 보군요. 우리는 그 사람들한테 가는 길이오."

형은 말했다.

"그들 중 한 명은 무서운 사람이에요."

노인이 형에게 물었다.

"그렇다면 우리 용사가 되기로 한 거요?"

"네, 물론이죠. 하겠어요. 그래서 온 거예요! 다만 저한테는 활이 없어요."

노인은 형에게 사람 몸통만 한 두께의 자작나무 활을 주고 몸이 녹자 그에게 활을 당겨 보라고 했다.

형이 말했다.

"서두르면 망가뜨릴 수도 있어요."

노인이 말했다.

"망가뜨리면 안 되오! 이제 우리를 그 사람들에게 데려다줄 수 있겠지요?"

"왜 안 되겠어요. 데려다드리죠."

노인은 다음과 같이 말했다.

"당신과 내가 앞서가면서 길을 표시해 둡시다. 군대가 우리 뒤를 따라올 것이오."

둘이서 길을 가기 시작했다. 형은 활을 들었고 노인은 무기가 없었다. 형은 그들의 집이 보이는 곳까지 데려갔다.

노인이 형에게 물었다.

"몰래 잠입할 수 있겠소?"

형이 말했다.

"아니오. 저는 몰래 잠입할 줄 모릅니다."

"그렇다면 내 뒤에 오시오."

"좋아요. 좋아요!"

노인이 몰래 잠입하기 시작했다. 노인은 겨우 세 발자국만 걸을 수 있었을 뿐이다. 형이 "내가 바로 당신의 사돈이오!"라는 말과 함께 그의 어깻죽지 사이를 활로 찔렀다.

"너는 민첩하고 교활한 놈이구나! 나는 존경받는 사람이었으니 내 두개골을 고이 장사 지내 주거라!"

노인은 이렇게 말하고 죽었다. 형은 그를 장사 지낼 생각도 하지 않고 그의 시체를 개와 새들에게 던져 주었다.

되돌아와서 그 군대를 모두 죽였고 살아남은 사람은 처녀의 어머니뿐이었다. 형은 그들의 재산을 모두 가지고 노파와 함께 자신의 유목지로 왔다. 그렇게 '천막 짓는 사람들'의 재산을 빼앗아서 누구에게도 굴복하지 않고 아주 오래도록 살았다.

세 형제

옛날 옛적에 세 형제가 살았다.

막둥이는 아직 어린애였고 쿤가자이[9]라는 이름의 둘째는 겨우 무릎으로 기어 다녔다. 큰형의 이름은 모르지만 사냥꾼이었고 아내와 젖먹이 어린애가 있었다. 그들이 가진 거라곤 말처럼 커다란 사슴 한 마리뿐이었다. 사슴은 타고 다니지는 않았고 천막 덮개를 운반하기만 했다. 큰형은 훌륭한 사냥꾼이었다. 야생 사슴도 사냥했고 물고기도 잡았다.

봄이 되었을 때 큰형은 병이 났다. 점점 더 병세가 짙어졌고 사흘째에는 완전히 쇠약해져서 아내에게 유언을 했다.

"이렇게 내가 죽나 보오. 당신을 누가 돌봐 준단 말이오? 내가 잡은 들짐승은 여름까지는 충분할 것이오. 먹을 것이 떨어지면 털가죽이나 가죽에서 막을 긁어내어 물에 끓이시오. 내 형제들은 도움이 안 될 거요. 그렇게 당신은 죽을 지도 모르오. 아들이 자라고 그때까지 살아남는다면 당신을

9) '다리로 일어설 힘이 없는 약한 사람'이란 뜻이다. 주인공은 결정적인 순간에 힘과 권력을 얻는 불구자다.

먹여 살릴지도 모르지. 이게 다요."

이렇게 말하고 그는 죽었다. 울고 통곡을 하다가 여자는 그를 장사 지냈다.

여름이 되었다. 예비로 음식을 말렸다. 그렇게 여름을 보냈고 가을에는 가죽과 털가죽의 조각들을 끓여서 먹기 시작했다. 음식이 모두 떨어졌다. 여자의 아버지는 흑사슴 여덟 마리의 주인이자 공후였는데 여자를 찾아왔다.

"어떻게들 살고 있느냐?"

"남편이 작년에 죽었어요."

"그렇구나. 세상에! 무척 대견하구나! 옷을 입어라. 우리 집에 가자!"

"아이는요? 내 친척들은요?"

"굶어 죽으라지. 어서 가자!"

여자는 옷을 입고 그의 썰매를 타고 떠났다.

쿤가자이는 동생과 함께 완전히 굶은 채로 누워 있었다. 밤이 끝나고 새벽이 오고 있었다. 쿤가자이는 동생에게 말했다.

"사슴을 묶어라. 이렇게 누워 있다가는 죽겠구나. 흑사슴 여덟 마리 주인의 흔적을 따라가 보자."

사슴을 썰매에 묶고 천막을 해체해서 함께 타고 가기 시작했다. 여러 번 유목지를 옮겨 다녔다. 어느 날 높은 고개를 올라가게 되었다. 올라가서 둘러보니 밑에 드넓은 평원이 있었고 평원 가운데에는 수많은 무리가 유목을 하고 있었다. 평원 너머에는 일흔 개의 천막으로 이루어진 유숙지가 보였다. 무리들을 지나서 그쪽으로 갔다.

"멈춰라! 장작을 패는 곳까지 가지 말고 가장 좋은 집 근처에 멈추자."

쿤가자이가 말했다.

가다 보니 한 천막이 다른 천막보다 훨씬 컸다. 그쪽으로 가서 천막 덮개 맞은편에 멈추고 사슴을 풀어 놓았다. 천막을 세우고 아궁이에 불을 지폈다. 둘째 형이 막둥이에게 말했다.

"형수에게 가 봐. 와서 자기 아이를 먹이라고 해. 흑사슴 여덟 마리의 주인에게 이렇게 전해. 굶어 죽게 생겼으니 사슴 심장의 반이나 내장 일부라도 좀 나눠 주시라고."

소년은 그 천막으로 뛰어 들어가서 모든 말을 전했다.

여자가 말했다.

"이것 좀 보게. 어린애에게 젖을 더 빨게 주라고! 죽게 내버려 둬!"

"형수님, 형이 이렇게 말하랬어요. 죽게 생겼으니 사슴 심장의 반이나 간장의 부속물이라도 좀 나눠 주시라고."

흑사슴 여덟 마리의 주인이 말했다.

"한술 더 뜨네. 죽든지 말든지. 줄 수 없어!"

불쌍한 형제는 잠자리에 들려고 누웠다. 먹을 것이 없었기 때문이다.

갑자기 사슴들을 쫓는 목소리가 들렸다. 쿤가자이는 기어 나가서 무릎으로 서서 오줌을 누었다. 이때 수많은 사슴이 몰려들었다. 거세된 매우 살진 수컷 한 마리가 다가왔다. 청년은 그 사슴을 붙잡았다. 사슴이 꽥꽥 울었다. 칼을 가지고 나오라고 소리쳤다. 한 칼에 사슴의 목을 잘랐다. 가죽도 벗기지 않고 천막으로 끌고 가서 끓여서 밤까지 하루 종일 먹었다.

아침에 형제가 일어났다. 천막 옆에 더 작은 천막이 서 있었는데 일곱 단추 주인의 것이었다.

"저 천막의 주인장에게 가서 죽을 끓이게 무엇이라도 달라고 해 봐라."

소년이 가서 일곱 단추 주인에게 부탁하기 시작했다.

"흑사슴 여덟 마리의 주인이 무엇이라도 주었을 테지?"

"아무것도 안 주었어요."

"그래, 그러면 나도 줄 수가 없다."

그렇게 해서 소년은 빈손으로 왔다.

아침에 또다시 사슴 떼가 가고 있었다. 쿤가자이는 무릎으로 기어 나왔다. 쿤가자이는 새끼를 낳지 못하는 암컷의 뿔을 붙잡았다.

"자, 동생아, 칼을 가지고 나와라!"

암사슴을 잡았다. 또다시 가죽도 벗기지 않고 끌고 와서 먹었다. 알고 보니 그가 죽인 사슴들은 흑사슴 여덟 마리와 일곱 단추 주인의 것이었다. 형제는 잠자리에 들었다.

아침에 쿤가자이가 밖으로 나오자 흑사슴 여덟 마리의 주인은 앉아서 긴 막대기를 날카롭게 대패질하고 있었다.

"오오, 흑사슴 여덟 마리의 주인어른, 안녕하십니까!"

"안녕하냐고! 오늘 우리는 너희를 죽여 버릴 테다. 제일 좋은 우리 사슴들을 먹어 치우다니!"

"자업자득입니다."

흑사슴 여덟 마리의 주인은 막대기의 날카로운 끝으로 무릎으로 서 있던 사람의 넓적다리를 겨냥했지만 빗나갔다.

쿤가자이는 눈 더미 밑으로 미끄러졌다. 그리고 일곱 단추 주인이 막대기를 대패질하고 있던 곳으로 뛰쳐나갔다.

"오오, 일곱 단추 주인장, 안녕하시오!"

"안녕하냐고! 오늘 우리는 너희를 죽여 버릴 테다. 가장 훌륭한 우리 사슴들을 먹어 치우다니!"

일곱 단추 주인은 날카로운 끝으로 무릎으로 서 있던 사람의 넓적다리를 겨냥했지만 땅에 박혀 버리고 말았다.

곧 쿤가자이는 다른 곳으로 뛰어가서 갑자기 두 다리로

뛰어올랐다. 둘러보니 썰매들이 움직이고 있었다. 형수가 옮겨 가고 있었다. 사돈이 그녀를 시집보낸 것이었다. 큰가자이는 그녀의 썰매 고삐를 잡아챘다.

"놓아줄 수 없어요. 어디를 가려고요?"

여자는 듣지 않고 도망쳤다. 큰가자이는 쫓아가서 형수의 저장용 사슴들을 빼앗았다.

큰가자이가 흑사슴 여덟 마리의 주인 집에 들어갔다.

"자, 흑사슴 여덟 마리의 주인장이여, 우리가 세상에 있는 동안 내 동생을 돌봐 주시오. 만약 잘 못 돌본다면 하루 동안에 모두를 죽여 버리겠소. 나는 형수를 쫓아가야 하니까."

형수를 쫓았지만 흔적을 놓쳐 버렸다. 결국 어떤 장소의 끝에서 형수의 흔적을 발견했지만 서둘러 쫓아가지는 않았다. 형수를 앞질러 가서 고삐를 유숙지 방향으로 틀게 만들었다. 형수를 붙잡을 수도 있었지만 그렇게 하지 않고 그녀의 뒤를 쫓아서 천막으로 들어갔다. 형수는 앉아서 아이에게 젖을 물리고 있었다. 막둥이는 앉아서 먹고 있었다.

"자, 형수님, 형수님의 죄를 용서해 드릴게요. 어린애를 내버려 두었다면 죽었을 거예요!"

여덟 흑사슴의 주인은 그를 두려워했고 그럴 만한 이유가 있었다.

그렇게 사흘째 되는 날 쿤가자이는 말했다.

"이제, 여덟 흑사슴의 주인장이여, 사람들을 모으시오. 회의를 합시다!"

일흔 개의 천막에서 사람들이 모여들었다. 쿤가자이가 말했다.

"그동안 이렇게 여덟 흑사슴의 주인과 일곱 단추의 주인 둘이서 주인 노릇을 했습니다. 이제 당신들의 주인 행세도 끝장이 났습니다. 이제 주인은 이 소년입니다. 우리 형의 아들입니다. 모든 것을 이틀 동안 채비하십시오. 사흘째에 떠날 것입니다. 이 소년이 당신들을 인도할 것이오."

그리고 청년에게 말했다.

"다른 사람의 사슴을 타고 가지 말고 꼭 아버지가 유산으로 준 사슴만을 타거라! 유목민을 이끌어라. 숲 가장자리를 따라서 산줄기가 이어진다. 바다 쪽 산줄기를 따라 이동하여라. 두 달 동안 길을 가게 될 것이다. 이동이 끝나 갈 즈음에 산줄기가 평원으로 이어질 것이니 거기서 눈 밑에서 피어오르는 연기를 보게 될 거다. 이것이 우리 선조들의 땅이다. 큰길로 나와서 친척들한테 가거라."

그리고 사람들에게 말했다.

"여러분, 여러분은 사슴 떼를 밤낮으로 지켜야만 합니다. 여덟 흑사슴의 주인장, 일곱 단추의 주인장이여, 당신들도 똑같이 당번을 서서 지켜야 할 것입니다. 나는 여러분이 평안하게 유목할 수 있도록 찬기트[10]들과 맹수들을 무찌르러 가겠습니다. 그 땅에는 당신들이 도착하는 날에 도착하거나, 늦어지게 되더라도 사흘째에는 도착할 겁니다."

사흘째에 이동을 했다. 쿤가자이는 그들로부터 떨어져 나와 혼자 떠났고 걸어서 갔다. 이렇게 그 소년을 선두로 이동을 했다. 도중에 주의 깊게 파수를 섰고 소년은 높은 사람을 포함해서 모두가 사슴 떼를 지키도록 했다. 보름이 지났다. 산줄기를 따라서 이동했다. 갑자기 바다 쪽으로 뻗어 가는 산줄기가 보였고 그 위에 사람이 걸어가고 있었다.

"어디 출신입니까?"

"모릅니다. 저는 고향집이 없습니다. 돌아다니며 친형을 찾고 있습니다."

"친형이 누군데요?"

"여덟 흑사슴의 주인입니다!"

"그렇군요! 그 사람은 우리 사람입니다. 저기 자유로운 사슴 떼를 몰고 있어요. 그런 일이었다면 내 일꾼이 되시오."

그는 대답하기를 주저했다.

---

10) 부랑아, 강도, 약탈자 등을 말하며 민담에서는 적들 전체를 말한다.

"우리 일꾼이 되지 않는다면, 당신의 뼈는 내 막대기의 세 가닥 중 하나의 장식품이 될 것이오. 막대기의 두 가닥에는 이미 두 용사의 해골로 만든 장식품이 걸려 있다오."

그 사람은 복종하고 그와 함께 길을 나섰다. 계속 유목하면서 갔다. 다음 달 중순이 되었다. 한 산줄기에 또 한 사람이 보였다. 그는 인사를 건넸다.

"어떤 쪽에 당신의 천막과 아궁이가 있습니까?"

"천막도, 아궁이도 없다오. 이렇게 돌아다니고 있소. 형을 찾고 있소."

"당신의 형은 누구인데요?"

"에, 에. 그는 일곱 단추의 주인이라오!"

"아, 그렇군요. 바로 저기서 당신의 형은 자유로운 사슴 떼를 몰고 있다오. 내 일꾼이 되겠소?"

그 사람은 아무 말이 없었다.

"복종하지 않겠다면 당신의 뼈로 내 막대기 가닥들 중 하나에 달 장식품을 만들겠소!"

그 사람은 일꾼이 되겠다고 했다. 그는 형에게 다가갔다.

"왜 그를 죽이지 않는 거요? 어린애한테 복종하고 있단 말이오?"

"아니다. 그래서는 안 된다."

"죽여야 돼요. 부끄럽지도 않으세요."

"좋다. 해 보자!"

저녁에 한곳에서 머물게 되었다. 사람들이 가고 있고 소년은 모든 사람들이 사슴 떼를 지키면서 가도록 몰고 있었다. 이때 소년은 잠이 들었다. 소년의 천막으로 몰래 숨어들어 오는 사람들의 소곤거리는 소리가 들렸다. 소년은 나무로 휘장을 약간 열었다.

"왜 나를 감시하는 거요? 사슴 떼나 지키시오!"

사람들은 도로 숨어 버렸다.

"아침잠이 들었을 때 해 보자!"

사람들은 합의했다. 또다시 시도를 했다.

또다시 소리가 들렸다.

"무엇을 감시하는 것이오? 나가시오!"

소년은 사람들을 내쫓았다. 그래서 사람들은 더 이상은 죽일 시도를 하지 않았다.

두 달이 다 되어 갈 때 산줄기가 끝나 가고 있었다. 둘러보니 평원이 시작되었다. 눈 아래서 연기가 피어오르고 있었다. 바다로부터 드넓은 길이 이어지고 있었다. 길은 이 지방의 깊숙한 곳까지 뻗어 있었다. 사람들은 걸어갔다. 사람들이 사람들과 정주해 살고 천막이 천막과 밀집해 있는 나라에 도착했다. 한 천막 옆에 멈추었다.

초로의 여인이 나왔다.

"아이고, 정말 놀라운 사슴이군요! 우리 선조들의 사슴과 비슷하군요! 옛날에 우리한테서 두 사람이 떠났는데 아마도 그들의 후손 같구나."

세 천막에서 세 여자가 나와서 역시나 이 사람들이 그들의 고향 사람이라고 인정하고 대화를 나누고 인사를 걸었다. 친척임이 판명되었다. 사람들은 쿤가자이를 기다렸다.

사흘째 되는 날 정오쯤에 쿤가자이가 도착했다. 살점이 없고 가죽의 절반만 남았을 정도로 상처투성이였다. 그가 말했다.

"내 아이야, 도착했구나. 잘되었다! 네가 나쁜 사람들을 물리치고 맹수들을 어렵게 이겨 냈구나. 나는 사람들이 해를 입혔지만 산 채로 이렇게 돌아왔단다. 이제 아무도 두려워 말고 살아가거라."

쿤가자이는 시간이 지나자 건강해졌다. 청년은 이 민족의 지도자가 되었다.

흰올빼미

옛날에 거위, 오리, 새, 흰올빼미 등 모든 새들이 이 땅에 살고 있었다. 이 땅은 그때 따뜻했다고 한다. 그런 다음 추워졌고 시대가 바뀌었다. 날짐승들은 협의회를 가지게 되었다. 모든 새들에게 한 마리의 우두머리가 있었다.

그때 흰올빼미는 들꿩, 오리, 거위 등을 먹고 살았다.

날짐승들의 우두머리(거위 중의 한 마리였다)가 회의를 소집했다. 이끼 낀 저지와 높은 산, 숲 들이 모두 새들로 꽉 찼다. 흰올빼미도 도착했다.

우두머리 새가 말했다.

"자, 시대가 바뀌었다. 이제 여름에만 여기서 살 수가 있다. 내가 알기로 어떤 지역에는 겨울이 없는 땅이 있다고 한다. 왜 우리 날짐승들이 이 땅에서 얼어 죽어야만 하는가? 걸어가는 짐승에게 너무나 먼 길이다. 겨울을 나기 위해 그 땅으로 곧장 날아가자. 여기서 추위가 끝나기까지 그 땅에서 살자. 여기에 남는다면 모두가 얼어 죽을 것이다. 만약 거기로 날아간다면 모두가 살아남을 수 있을 것이다. 자, 어떻게 생각하는지 말해 봐라!"

이 말에 모든 날짐승들이 말했다.

"맞소! 우리 모두 날아갑시다. 여기서는 죽게 될 것이오!"

우두머리가 물었다.

"그럼 모두가 동의하는 것이오?"

모든 새들이 동의했다.

흰올빼미도 자기 말을 했다.

"나도 날아가겠소."

우두머리가 물었다.

"자, 흰올빼미도 우리랑 함께 날아가고 싶어 하오. 올빼미가 날아가는 것에 동의하시오?"

이 말에 모든 날짐승들이 말했다.

"우리는 흰올빼미가 우리와 함께 날아가는 것이 싫소."

"왜 싫은 거요? 흰올빼미 앞에서 말하시오."

그러자 모든 날짐승들이 말했다.

"여기서 흰올빼미는 우리를, 새들을 먹고 살았소. 거기서도 그런 습성을 버리지 못할 것이오. 우리는 그를 데려가지 않을 거요!"

우두머리가 흰올빼미에게 말했다.

"보았소? 모든 새들이 반대하오. 모든 새들이 말한 이상 이것은 법이오. 얼어 죽더라도 이 땅에 남으시오. 무슨 말을 더 하겠소?"

흰올빼미가 말했다.

“논쟁하지 않겠소. 외로운 영혼이니 되건 안 되건 해 보아야지! 어쩌면 살 수도 있잖겠소. 남겠소.”

모든 새들은 날아서 떠나갔다. 이때 흰올빼미는 자기 부인에게 가서 말했다.

“자, 우리를 데려가지 않는다는구료. 당신은 눈보라가 불어 대도 괜찮고 추위가 뚫을 수 없도록 내게 사슴 털로 된 외투를 지어 주시오.”

부인 흰올빼미가 말했다.

“지어 주지요!”

“그 외투를 눈처럼 흰색으로 지어 주시오!”

부인 올빼미는 솜씨를 발휘해서 흰 거위보다 더 흰 외투를 지어 주었다. 남편 흰올빼미가 그것을 입어 보았더니 안성맞춤이었고 외투가 몸에 착 달라붙었다. 추위에도 춥지 않았고 눈보라에도 바람이 들어오지 않았고 눈이 달라붙지도 않았다.

흰올빼미는 그때부터 이 지방에서 적응해서 살기 시작했다. 자신을 남겨 두었다는 보복으로 흰올빼미는 더 잔혹하게 작은 새들을 잡아먹기 시작했다. 특히 흰올빼미와 함께 겨울을 나는 들꿩을 더 많이 잡아먹었다.

꾀 많은 여우

가난한 농부가 살고 있었다. 농부가 죽자 흙으로 덮은 천막집에 고아 아들만 남게 되었다. 소년은 굶어서 죽어 가고 있었다. 여우가 그를 발견했다.

"내가 너를 사람으로 만들어 줄게. 부자가 되면 너를 부자 여자에게 장가보내 줄게."

이렇게 말하고 그롬[11] 왕에게 갔다. 여우가 그롬 왕에게 말했다.

"매우 부자인 청년이 있습니다. 그가 나를 당신 딸에게 중신을 서라고 보냈습니다. 예물을 보내겠다고 약속했습니다. 가장 엄선된 들짐승들을 보낼 겁니다. 그 들짐승들을 위한 음식을 준비해서 여러 집에서 그 짐승들을 받도록 하십시오."

여우가 말했다.

그롬 왕은 동의했다. 꾀 많은 여우는 되돌아서 도망갔다. 여러 들짐승을 만나 말했다.

"그롬 왕은 아주 부자이고 관대해서 너희 모두를 위해 음

---

11) '천둥, 우레'라는 뜻이다.

식을 준비하라고 명령했단다. 그 음식들을 맛보라고 너희들을 불렀어."

수많은 짐승이 무리를 짓고 떼를 지어 음식을 맛보러 갔다. 그롬 왕은 부자 사위를 만났다고 기뻐했다. 여우는 들짐승들이 음식을 먹을 때 문을 잠갔다.

꾀 많은 여우는 그롬 왕에게 갔다.

"들짐승들이 왔지요?"

"왔다."

"약혼자는 아직 바빠요. 황금 배를 타고 곧 올 거예요."

그리고 여우는 다시 청년에게로 갔다. 진피리버들로 형편없는 뗏목을 만들라고 말했다. 멀리서 보면 아름답고 화려하게 보이도록 여러 가지 들꽃으로 장식하라고 말했다. 청년은 바람이 부는 날 배를 타고 그롬 왕에게 갔다. 그롬 왕이 보니 바다에 매우 화려하게 장식한 황금 배가 떠오고 있었다. 왕은 기뻐했다. 바람이 일자 뗏목이 부서졌다. 꾀 많은 여우는 그롬 왕에게 뛰어가서 말했다.

"큰일 났어요. 황금 배가 가라앉았어요. 용감한 약혼자는 목숨을 구했지만 모든 재산을 잃어버리고 벌거벗은 채로 혼자 남았어요. 옷을 가져다주세요."

그롬 왕은 청년에게 가장 좋은 옷과 자신의 배를 보냈다. 꾀 많은 여우는 청년에게 이렇게 충고했다.

“왕이 준 옷을 꼼꼼히 쳐다보지 말고 사람들이 입히게 놓아두어. 고개만 까닥해서 인사를 해. 음식을 먹는 동안에는 다른 사람들이 어떻게 먹는지 보고, 포도주는 아주 조금만 마셔.”

청년이 그롬 왕에게 그의 배를 타고 그의 옷을 입고 도착했다. 성대한 결혼식을 치렀다.

그리고 그 배를 타고 돌아갔다. 꾀 많은 여우는 청년에게 말했다.

“흙으로 덮인 네 천막집에 머물지 말고 다른 나라 왕의 황금 도시로부터 멀지 않은 곳에 유숙하고 나를 불러오도록 명령을 해. 내게 너의 백성이 어떻게 살고 있는지 알아보고 오라고 명령해.”

여우가 충고한 대로 청년은 자신의 천막집을 지나쳐 갔다. 다른 나라 왕의 황금 도시 쪽으로 가까이 갔다. 그리고 멈춰서 이렇게 말했다.

“내 백성들이 어떻게 사는지 궁금하구나. 내 여우는 어디로 갔느냐? 가서 데려오너라.”

꾀 많은 여우가 오자 청년은 명령을 내렸다.

꾀 많은 여우가 황금 도시의 왕에게 가서 말했다.

“그롬 왕이 당신을 쳐부수러 오고 있습니다. 어서 빨리 도망가십시오. 머리만 보이도록 숲에 숨어야 합니다.”

그롬 왕에게 놀란 황금 도시 왕의 모든 백성들은 숲으로 도망쳤다.

꾀 많은 여우는 청년에게 돌아와서 울면서 말했다.

"우리 백성들을 바아시[12] 왕의 사람들이 모두 죽였습니다. 모든 백성들을 잡아먹고 숲에 숨었습니다. 장인에게 번개로 그들을 혼내 주라고 부탁해 보세요."

청년은 장인에게 번개를 치라고 부탁했다. 그러자 그롬 왕은 숲을 번개로 때렸다. 황금 도시의 백성들은 한 사람도 살아남지 못했다.

청년은 황금 도시에서 정착했고 왕이 되었다. 그렇게 그는 그롬 왕의 딸과 결혼해서 잘 살았다.

---

12) 천상과 중간세계와 지하세계의 나쁜 귀신들을 말한다. 한 다리, 한 손, 한 눈의 괴물이기도 하고 철 거인의 모습이기도 하다.

새와 동물의 전쟁

옛날에 쥐와 새가 가까이에 살고 있었다. 눈이 내리는 겨울에 새는 보통 따뜻한 지방으로 날아갔다. 쥐는 이 지역의 토박이 주민이었다. 쥐는 작은 둔덕 아래 자기 집과 창고를 만들었다. 새는 봄에 그 둔덕 근처 버드나무 위에 둥지를 틀었다. 한여름이 도래했고 풀이 무성해지고 들쭉나무가 푸르러졌다. 쥐는 새의 집에 놀러 가서 상의를 하고 싶었다.

쥐가 말했다.

"자, 여름도 끝나 가고 곧 추워질 거야. 우리 아이들은 어리고 내가 계속 데리고 있을 수도 없다네. 우리는 사이좋게 봄과 여름을 보냈잖아. 왜 너희는 여기서 겨울을 나지 않는 거야? 나는 겨울에 심심하다고. 주위의 이웃들이 남아 있지를 않으니까."

그러자 새가 말했다.

"나는 여기서 겨울을 날 수가 없어."

"왜? 함께 무슨 방도를 생각해 내서 출구를 찾을 수도 있지 않을까?"

쥐는 그에 앞서 이렇게 생각했다. '여름은 선선해졌고 먹을 것은 적고 뿌리는 아직 여물지 않았으니 새와 함께 먹이

를 저장해야겠어.'

새가 말했다.

"나는 여기서 겨울을 날 수가 없어. 내가 날아가는 따뜻한 지방에는 여러 가지 먹이가 충분히 널렸지. 거기서 겨울을 나고 여기로 날아오면 모든 것이 다 준비되어 있잖아. 겨울을 나기 위해 너처럼 창고에 저장을 할 여력이 없어."

이 말에 쥐는 말했다.

"아니야, 두려워하지 마. 나는 아무것도 필요 없고 겨울을 날 수 있어. 여름부터 겨울을 날 음식을 준비할게. 너도 지금 먹이를 모으기 시작해. 내가 건초로 창고를 만드는 것을 도와줄게!"

새는 이렇게 생각했다.

'그 말도 맞네. 다른 동물들은 겨울을 나면서도 죽지 않는구나. 나도 그렇게 될 수 있을까? 친구가 내게 창고를 지어 준다잖아.'

쥐는 창고를 지었다. 새는 겨울을 나기로 결심했다. 쥐가 왔다.

"이것 봐. 창고를 지었어. 저장할 먹이를 물어 와."

쥐가 말했다. 하지만 쥐는 자기 창고를 넓힌 것뿐이었다.

새가 먹이를 물어 와서 창고를 가득 채웠다. 쥐도 먹이를 가져다 날랐다. 날씨가 추워졌고 땅이 얼어붙었다. 쥐는 식료품의 일부를 옮겨 놓지 못했다. 집에서 저장 먹이를 계산했다. 계산을 해 보니 저장분이 반년치밖에 되지 않았다. 새한테 갔다.

"다시 상의를 좀 하려고 왔어. 좋지 못한 해가 와서 눈이 빨리 사라지지 않고 겨울이 계속될 거야. 우리가 한집에서 함께 사는 게 좋을 것 같아. 곧 눈보라가 시작될 거고 너희 새끼들이 얼어 죽게 될 거야. 만약 우리 집에 살게 되면 눈보라도 모르고 추위도 걱정 없게 될 거야."

새는 이렇게 생각했다.

'오, 맞는 말이다. 곧 추워질 거야. 내 둥지는 버드나무 꼭대기에 걸려 있고 위는 뻥 뚫렸잖아. 새끼들이 얼어 죽게 될 거야. 좋아, 쥐가 충고한 대로 해야겠어.'

새가 말했다.

"네 충고가 맞는 거 같아. 함께 살자."

이때 쥐는 이렇게 덧붙였다.

"또 한 가지 충고를 할게. 처음에는 네 저장분을 먹도록 하자. 어쨌든 우리는 음식도 옷도 똑같이 나누어서 겨울을 나야 하니까. 네 저장분이 끝나면 내 것을 먹도록 하자. 두 저장분이면 2년은 충분할 거야. 풍족하게 겨울을 날 수 있을 거야."

새는 모든 것에 동의했다.

새는 가족을 데리고 쥐의 집으로 옮겨 갔다. 함께 살기 시작했다. 쥐가 설득한 대로 처음에 새의 저장분을 먹었다. 새의 먹이는 겨울의 중반까지 충분했다. 그다음에 쥐의 저장분을 먹을 때가 왔다. 날씨는 따뜻해졌고 얼음이 녹은 땅이 드러났지만 풀은 아직 자라지 않았다. 쥐는 창고를 둘러보러 갔다. 풀이 나올 때까지 먹이가 부족할 것 같았고 바닥이 드러나고 있었다. 쥐는 이렇게 생각했다.

'우리만 먹는다면 풀이 날 때까지 살아남을 수 있을 텐데. 새한테는 하나도 나눠 주지 말아야겠군.'

날이 갈수록 쥐는 화를 냈다. 새가 보니 쥐가 헤어지고 싶어 하는 것 같았다. 쥐는 새들에게 먹을 것을 주지도 않았다. 어느 날 쥐는 화를 내면서 자기 새끼들을 때렸고 그런 다음 새 새끼들의 날개를 물어뜯어 버렸다.

새는 새끼들이 가여워졌다.

"어디서 죽든 마찬가지구나. 새끼들을 위로 데려가는 것이 낫겠다."

새는 이렇게 말하고 아내와 새끼들을 위로 데려갔다. 눈이 덮인 둥지를 깨끗이 치우고 새끼들이 지내도록 보살폈다. 새는 나무 부스러기를 모아서 그것으로 먹이를 삼았다.

"이렇게 우리는 죽어 가는구나. 쥐가 한 짓을 고하러 왕에게 가야겠다."

새는 새끼들이 먹을 먹이의 여유분을 준비해 놓고 날아갔다. 새들의 왕 '욕쇼큐 새'에게 날아갔다.

새가 말했다.

"이렇게 죽어 가고 있습니다. 가족도 마찬가지예요. 쥐가 우리를 속였습니다. 약속대로 먹이를 함께 저장했고 함께 살았습니다. 처음에 제 저장분으로 살았습니다. 그리고 봄이 되자 쥐는 우리를 내쫓았습니다. 새끼들은 모두 추위와 굶주림으로 죽어 가고 있습니다. 판결을 해 주세요."

왕은 잠시 생각하더니 병사 둘과 함께 새 몇 마리를 보냈다.

"쥐한테 가라. 가는 즉시 창고의 절반과 먹이의 절반을 나누어서 새한테 주어라!"

병사들은 가서 창고가 어디에 있는지 물었다. 반으로 갈랐다.

"자, 여기 절반은 새의 몫이고 절반은 네 몫이다. 새의 몫을 건드리지 마라!"

새는 자기 몫을 가져가서 새끼들을 먹이고 자신도 먹었다.

쥐는 이렇게 생각했다.

'나한테도 왕이 있잖아. 왕에게 가야겠군. 왜 새들의 왕이 나를 처벌한단 말인가?'

쥐는 자신의 왕 몬구이[13]에게 갔다. 몬구이 왕에게 모든 것을 이야기했다. 쥐는 새가 자신의 것을 훔쳐 갔다고 거짓말을 했다. 자기의 잘못에 대해서는 아무 말도 하지 않았다. 몬구이 왕은 화를 벌컥 냈다.

"왜 새들의 왕이 허락도 없이 내 백성을 괴롭혔단 말이냐? 내가 나서서 싸워야겠구나!"

왕이 말했다.

"땅이 꽁꽁 얼자마자 군대를 몰고 가야겠다."

왕은 이렇게 말하고 욕쇼큐 왕에게 전갈을 보냈다.

욕쇼큐의 나라는 먼 곳에 있었다. 전갈을 받은 욕쇼큐 왕은 이렇게 말했다.

"에이, 만약 그렇게 말했다면 틀림없이 자기 말을 부인하지는 않을 것이다!"

욕쇼큐는 모든 새들을 모아 군대를 소집했다. 왕은 "싸우러 가자!"라고 말했다. 그런 다음 자신도 직접 출발했다.

두 군대가 만났다. 싸우기 시작했다. 욕쇼큐 왕이 날개로 때리자 늑대와 곰도 살아남지 못하고 모두 죽었다. 몬구이 왕은 자기 백성이 죽어 가는 것을 보고 자기가 직접 나섰다. 욕쇼큐와 함께 격투를 벌였다. 몬구이 왕은 꼬리로 때려

---

13) 설화에 나오는 뱀과 비슷하게 생긴 용이다.

욕쇼큐 왕의 날개를 꺾었다. 이제 왕은 날 수가 없었다. 이것을 본 새들은 도망쳤다. 몬구이 왕은 자신의 군대와 함께 돌아갔다.

"쥐처럼 괴로운 죽음을 맞게 될 것이다!"

그는 욕쇼큐에게 이렇게 말했다. 이것을 본 새들은 모두 사방으로 흩어져 도망쳤다. 욕쇼큐만 남았다.

어느 한 유숙지에 부자 상인이 살았다. 부자 상인은 이렇게 생각했다.

'이 세상에 나보다 부자는 없을 거야. 이렇게 많은 내 재산을 모두 탕진할 수도 있을까?'

아주 화창한 어느 날 그가 산책하려고 말을 잡아 오라고 명했다. 말에 앉아서 산책을 나갔다. 울창하게 우거진 숲을 산책하고 있었다. 그렇게 가고 있는데 무슨 소리가 들렸다. 수많은 새들의 날갯짓 소리였다. 가서 보니 먹구름처럼 새떼가 날고 있었다. 새들이 꼬리를 물고 끊임없이 날고 있었다.

"이 새들이 어디서 날아오는 거냐? 모두가 한곳에서 오고 있는 것이 아닌가?"

그는 새들을 향해서 갔다. 작은 새 무리들을 마지막으로 모든 새가 날아갔다. 부자 상인은 새들이 날아왔던 쪽으로 달려갔다. 가서 보니 다른 새와는 다른 한 새가 걸어가고 있었다. 그 새를 보고 부자 상인은 정신이 번쩍 들었다.

그런데 그 새가 사람의 목소리로 말을 시작했다.

"당신의 선한 이름에 의지해서 이렇게 가고 있습니다. 나를 구해 주시오!"

"어떻게? 무엇으로?"

"몬구이 왕이 꼬리로 내 날개를 때렸소. 내 날개는 3년이 지나야 아문다오. 그때까지 나를 머물게 해 주시오."

"좋습니다. 머물게 해 드릴 수 있지요. 내게는 3년이 사흘과 마찬가지라오. 내게는 모든 것이 충분하오! 머무시오."

부자 상인이 물었다.

"그런데 어떻게 당신을 데려간단 말이오?"

"말을 끌고 오시오. 다만 가장 힘센 말 여덟 필만이 나를 끌 수 있다오."

집으로 돌아와서 부자 상인은 말 여덟 필을 잡아 와서 그 말들을 매라고 명하고 집을 준비했다.

"가서 그 새를 데려오너라. 이 집에 머물게 해라."

이렇게 말하고 사람들을 보냈다. 사람들은 곧 욕쇼큐 왕을 여덟 필의 말에 싣고 데려와 집 안으로 들어가게 했다.

그렇게 부자 상인은 가축과 말들을 죽여서 욕쇼큐 왕을 먹였다. 2년이 흘렀고 이제 1년만 남았다. 가축과 말을 모조리 죽여서 바쳤지만 욕쇼큐는 배가 차지 않았다. 부자 상인이 말했다.

"다 먹으라고 하지 뭐. 내게는 창고 가득 돈이 있으니. 먹일 것을 찾아야겠군. 약속은 지켜야지!"

그렇게 말했다. 돈이 가득 찬 창고가 텅 비도록 먹을 것을 사다 먹였다. 한 푼도 남지 않게 되었다. 하지만 상인은 그것도 신경 쓰지 않았다.

"자, 내게는 다양한 옷과 옷감이 너무나 많다. 이것을 팔아서 쓰면 된다."

그는 이렇게 말했다. 옷과 옷감을 식료품으로 바꿔서 새를 먹였다. 3년이 다 되어 가자 그에게는 아무것도 남지 않게 되었다.

"자, 내게는 아무것도 남지 않았소!"

"그렇소. 사실을 말하고 있는 것을 알고 있소. 내가 날아올라 보겠소."

욕쇼큐가 말했다.

밖으로 나가서 날아올라 보았지만 사슴 올가미 길이보다 더 높게는 못 올라가고 다시 주저앉았다.

"내 날개가 아직 다 자라지 않은 것 같소. 멀리 날지를 못할 거요. 좀 더 머물러야겠소."

새가 말했다.

부자 상인이 말했다.

"먹을 것을 지원하도록 하겠소."

부자 상인은 마을로 일하러 가서 번 돈으로 새를 먹였다. 이것도 바닥나 버렸다.

"자, 다시 한번 날아올라 보겠소."

욕쇼큐가 이렇게 말하고 밖으로 나와서 날아 보더니 사슴 올가미 두 개 길이보다는 더 높게 날지를 못하고 도로 주저앉았다.

더 머무를 수밖에 없었다.

"자, 천천히 회복하시오. 한번 약속을 했으니 지키겠소!"

부자 상인은 이렇게 말하고 마을로 갔다. 하지만 그가 번 돈으로는 욕쇼큐를 배불리 먹일 수가 없었다.

'이런, 창고와 집과 아내를 팔아야겠군. 그러면 계속 부양할 수가 있을 거야.'

부자 상인은 이렇게 생각하고 부인에게 갔다.

"욕쇼큐 왕을 부양할 수가 없구려. 그래서 창고와 집과 당신을 팔 생각이오. 알겠소?"

"어떻게 약속을 저버릴 수가 있겠어요? 당신의 결정을 거역할 수는 없죠. 언젠가는 사람답게 살게 되겠죠. 선한 사람은 죽음도 피해 가는 법이잖아요."

아내가 말했다.

상인은 마을로 가서 모든 것을 팔았다. 많은 돈을 받아서 먹을 것을 샀다.

"자, 이제 먹을 것이 없다네. 이것이 마지막이네. 집과 아내도 팔았다네!"

상인이 말했다.

욕쇼큐는 "이런, 이런!"이라고 말했다. 그리고 이 음식들도 곧 바닥이 났다. 욕쇼큐는 말했다.

"더 이상 음식을 사지 마시오. 내가 나가서 다시 한번 날아 보겠소. 당신의 모든 것을 먹어 치웠구려."

새는 나가서 창공까지 날았다가 다시 내려앉았다.

"비록 완전히 자라지는 않았지만 날 수 있소. 당신은 어떻게 하면 좋겠소?"

"내 땅에 남아야겠지요! 당신이 날 수 있으면 되었소! 당신이 죽지 않았으니 되었소!"

"여기 남는다면 어떻게 살아갈 것이오? 사람들은 당신이 부자였기에 당신을 존경했소. 내 등에 타고 나와 함께 날아가는 것이 나을 것이오. 죽든지 사람답게 살든지!"

그 사람이 동의했다.

"당신과 함께 날아가겠소!"

상인은 새 위에 앉아서 함께 날아올랐다.

그렇게 날다가 상인은 듣도 보도 못한 많은 재산의 은 집이 서 있는 것을 보게 되었다. 그 마당에 내려앉았다.

“암소 세 마리를 잡아라!”

암소 세 마리를 데려왔다. 욕쇼큐는 암소 세 마리를 삼켰다. 그런 다음 이렇게 말했다,

“다 먹었소. 이 집으로 들어가면 한 처녀가 살고 있을 것이오. 내 누이들 중 첫째요. 그 처녀에게 고양이를 달라고 하시오. 고양이는 궤짝에 누워 있소. 무엇을 아뢸 것인지를 물어보면 ‘내 이야기는 값이 비싸다오. 지불하면 말해 주겠소’라고 말하시오. 그러면 ‘머리보다 더 높게 돈을 쏟아부어 줄 테니 이야기해 봐라’라고 말할 것이오. 그리고 그 고양이는 사흘 내내 궤짝의 자물쇠가 끊어질 정도로 은전을 낳는다오. 그런 고양이라오! 돈을 받고는 아무것도 말하지 마시오. 고양이를 빼고 집, 재산, 재물 등 모든 것을 준다고 할 것이오. 그렇지만 그것을 받고는 이야기하지 마시오. 고양이를 주지 않으면 돌아오시오.”

부자 상인이 집으로 들어가니 한 처녀가 앉아서 울고 있었다. 눈이 눈물 때문에 국자만 해졌다.

“안녕하시오! 아씨라고 부를까요? 마님이라고 부를까요?”

처녀는 눈물을 닦았다.

“오, 어느 곳에서 오신 것인가요? 이 땅에는 째진 눈과 납

작 코의 사람들은 오지 않는데요. 멀리서 오신 분이여, 무슨 소식이라도 말해 주세요."

처녀가 말했다.

부자 상인이 말했다.

"오, 사실! 멀리서 온 사람한테는 물론 소식이 있지요."

처녀가 말했다.

"무엇을 달라고 해도 아까워하지 않을게요. 이야기만 해 주세요!"

이 말에 부자 상인은 대답했다.

"내 이야기는 값이 비쌉니다. 이 궤짝에는 고양이가 있지요. 만약 고양이가 든 궤짝을 준다면 말씀해 드리지요."

이 말에 처녀가 대답했다.

"어떻게 고양이를 양보한단 말이오? 내게는 사랑하는 오빠가 있었답니다. 그가 사라진 지 3년이 흘렀지요. 이 고양이는 그에 대한 기념입니다. 머리보다 높게 은전을 쏟아부어 드리지요!"

처녀가 말했다.

"돈은 내게 필요 없소!"

"자, 그렇다면 집과 내 재산을 모두 가지시오. 고양이와 나만 빼고!"

"주지 않는다면 말하지 않겠소."

부자 상인은 이렇게 말하고 뛰어나가 버렸다.

욕쇼큐는 또다시 날아갔다. 금 집을 발견했는데 온 땅이 그 주위에서 반짝였다. 듣도 보도 못한 재물이 가득했다. 거기에 내려앉았다. 욕쇼큐는 말했다.

"암소 세 마리를 가져와라!"

가져오자마자 다 삼켜 버렸다.

"이 집에는 내 여동생이 살고 있소. 그 집으로 들어가시오. 앉아서 울면서 소식을 물을 것이오. '내 말은 값이 비쌉니다'라고 말하시오. 거기에는 금 도금 궤짝이 놓여 있을 거고 그 안에는 금 닭이 있을 거요. 그 닭은 금전만 낳는 닭이라오. 사흘만 낳으면 궤짝 자물쇠가 끊어질 정도요. 그 닭을 달라고 하시오. 그 닭을 주면 내 이야기를 해 주시오."

부자 상인이 들어갔다. 세상에서 가장 아름다운 처녀가 앉아 있었다.

"안녕하시오! 아씨라고 부를까요? 마님이라고 부를까요?"

"에이, 안녕하세요."

처녀는 두 손으로 눈물을 닦으며 말했다.

"소식을 말해 주세요. 여기는 째진 눈의 사람들은 나타나지 않는 나라입니다. 알고 있는 사실을 알려 주세요!"

처녀가 말했다.

“자, 소식은 어디로 없어지지 않죠. 다만 비쌉니다. 내게 금 궤짝을 주시오.”

처녀가 주지 않았다. 그러자 상인은 뛰어나갔다. 욕쇼큐가 물었다.

“어떻게 되었소? 주지 않았소?”

“안 주었소.”

“그럼, 다시 날아갑시다!”

그리고 또다시 날아올랐다.

가다가 보니 앞에 도시가 보이는데 끝이 보이지 않을 정도로 컸다. 도시의 변두리에 앉았다.

“자, 이 도시로 들어가시오. 도시의 중앙까지 가시오. 중앙에 이르게 되면 다른 어떤 집보다 높고 아름다운 집을 발견하게 될 거요. 그것이 내 집이오. 대문 옆에는 병사가 서 있을 거고 당신을 더 이상 들여보내지 않을 거요. 그러면 이렇게 말하시오. ‘내게 왕의 어머니께 중요한 전갈이 있소.’ 그러면 들여보내 줄 거요. 계단을 따라 올라가서 중간층에 가면 병사들을 만나게 될 거요. 그러면 또다시 통과시켜 주지 않을 거요. 그러면 ‘왕의 어머니께 전갈을 가져가는 중이오’라고 말하시오. 그들의 우두머리가 허락해 줄 거요. 위가 내 거처이오. 문의 양쪽에는 무기를 든 병사가 두 명 서 있을 거요. 그들에게 ‘내게는 왕의 어머니께 전할 중요한 전갈이 있소. 밑에 서 있던 사람들도 보내 주었소'라고 말하시오. 그러면 보내 줄 거요. 그 거처로 들어가면 노파를 보게 될 것이고 젊은 여자가 앉아 있을 것이오. 둘이 앉아서 울고 있을 것이오. 당신에게 소식을 물을 것이오. 그러면 대가를 지불하라고 요구하시오. '좋소, 지불하겠소!'라고 말할 것이오. 이 말에 당신은 '당신들한테 있는 궤짝이 든 가방을 주시오. 궤짝이 든 가방을 주면 이야기하겠소'라고 말하시오. '주겠소'라고 말할 것이오. 그러면 당신은 '나는 욕쇼큐 왕과 함께 날아왔소. 그는 도시의 변두리에 앉아 있소. 사람들을 보내라고 그렇게 전달했소'라고 말하시오. 자, 가시오!"

상인은 출발했다. 모든 것은 새가 말한 대로였다.

사람들이 와서 욕쇼큐 왕을 데려갔다. 욕쇼큐 왕은 가죽을 벗고 사람이 되었고 그는 상인을 맞이했다. 한 번도 맛보지 못한 음식을 맛보고 한 번도 입어 보지 못한 옷을 입고 상인은 진정한 자신이 되었다. 3주일을 그렇게 살았다. 어느 날 왕이 그에게 말했다.

"틀림없이 당신은 집이 그리울 거요."

"그렇죠."

"그러면 도시를 산책하시고 도시 밖으로 멀리는 가지 마시오. 그 장소들은 매우 위험하오!"

"좋소!"

잘 길들여진 말이 상인에게 주어졌고 상인은 그 위에 올라탔다.

"곧 돌아오시오. 오랫동안 있지 말고. 태양이 질 때까지는 돌아오시오!"

욕쇼큐 왕이 말했다.

상인은 말을 몰아 달렸다. 도시를 둘러보았다. '이 나라를 살펴보면 좋은데. 아직 태양이 높이 떠 있구나'라고 생각하고 도시 너머로 달렸다. 도시가 거의 보이지 않게 되었다. 알고 보니 왕은 사냥용 총도 주었다. 이때 보니 낡아 빠진 뿔을 단 야생 사슴 세 마리가 풀을 뜯고 있었다. '말을 타고 쫓으면서 저 사슴들을 잡아야겠군!'이라고 생각하고 달려갔다.

야생 사슴들이 도망쳤다. 그는 뒤를 쫓았다. 한 마리를 쏘았다. 다가가 보니 사슴이 벌떡 일어나서 도망쳤다. 곧바로 쫓아가서 또 한 마리를 쏘았다. 다가갔더니 또 벌떡 일어나서 도망쳤다. 그는 뒤쫓았다. 쫓아가서 또 한 마리의 야생 사슴을 쏘았다. 다가가니 그 사슴도 역시 다른 사슴들한테로 도망쳤다. 그 사슴들을 뒤쫓았다. 말이 한두 번 펄쩍 도약을 하니 갑자기 안개가 내려와서 장갑도 보이지 않을 정도가 되었다. 야생 사슴들도 잃어버렸고 도시도 보이지 않았다. '그렇게 큰 도시를 지나쳐 갈 수는 없겠지!'라고 생각하고 달려가 보았지만 결국 길을 잃고 말았다.

얼마나 지나왔는지 알 수가 없었는데 갑자기 철 집을 마주하게 되었다. '안개가 걷힐 때까지 여기서 밤을 새워야겠군.' 그는 이렇게 생각하고 말을 묶어 놓고 문을 열었다. 집 안에는 아이트 용사[14]가 누워 있었다. 무릎과 머리를 반대편 벽에 기대고 있을 만큼 거대했다.

"에이. 부자 상인. 어디서 왔느냐? 내게 한번 온 이상 여기서 나갈 수가 없다. 이 땅에 들어온 사람은 되돌아갈 수 없는 운명이다."

"제발 죽이지만 마세요. 살려 주세요!"

상인은 그렇게 말하면서 부탁했다.

"언제든 풀어 주시겠죠?"

"풀어 주마, 풀어 줘. 약속만 한다면."

"약속할게요. 집으로만 보내 주세요."

아이트 용사가 말했다.

"풀어 주마. 풀어 줘. 만약 네가 모르는 것을 내게 준다고 약속하면 풀어 주겠다!"

부자 상인은 한참을 생각했지만 아무것도 생각나지 않

14) 지하세계의 왕이다. 여기서는 동물의 왕이고 그 이름은 '아이트'(지옥)에서 유래한다.

았다.

"준다고 약속만 하면 바로 풀어 주겠다!"

"좋아요. 약속할게요."

"자, 그럼 가라. 약속한 것을 집에서 보내라. 3년 안에 보내지 않으면 여기서라도 너를 빨아들여 버릴 수 있다. 아무데도 도망치지 못한다! 가라. 네 도시는 여기서 보인다!"

상인이 밖으로 나와서 말에 뛰어 올라 보니 도시가 보였다. 사흘을 길을 헤맨 것이었다. 욕쇼큐 왕은 상인을 찾기 위해 백방으로 수색을 했지만 아무 소용이 없었다. 상인은 도착해서 말을 건네주고 왕에게 갔다.

"자, 어디 있었소?"

모든 것을 말했다. 그러자 욕쇼큐 왕은 말했다.

"어허, 당신은 아아트 용사한테 갔군요. 그 용사는 지옥의 왕이오! 그는 선한 신들의 사람들을 죽인다오. 나만 건드리지 못하지. 어떻게 풀려난 거요?"

"그러게, 그 용사가 내가 알지 못하는 것을 요구했고 나는 주겠다고 약속했다오."

욕쇼큐 왕이 말했다.

"에이, 그는 공짜로 풀어 준 것이 아닐 것이오. 내일 당신의 고향으로 출발하시오. 좀 쉬시오!"

욕쇼큐 왕은 아내에게 말했다.

"약속한 것을 주시오!"

욕쇼큐 왕의 아내가 가방을 가져왔다. 욕쇼큐 왕은 또다시 욕쇼큐 새로 변했다.

"가방을 내 등에 올려놓으시오. 이 가방 안에 있는 것을 나는 당신에게 말하지 않았소. 날아 올라가면 열어 보시오. 그러면 궤짝이 나올 것이오. 궤짝을 열면 암소와 말들이 거기서 나오기 시작할 것이고 당신의 뒤를 따라서 마치 밧줄로 엮인 것처럼, 먹구름이 흘러가듯이 뒤쫓을 것이오."

상인은 새의 위에 앉았다. 명했던 대로 상인은 가방을 열었다. 말과 암소들이 나오기 시작했다. 밧줄로 엮인 것처럼 그의 뒤를 따라오기 시작했다.

욕쇼큐의 여동생한테 내려앉았다. 여동생은 너무도 기뻐했다.

"왜, 너는 닭을 주지 않았니?"

처녀는 궤짝을 내주었다. 욕쇼큐 왕은 말했다.

"3일에 한 번씩 궤짝에서 동전을 쏟아 놓으시오."

계속해서 날아갔다. 막내 여동생도 한없이 기뻐했다.

"오빠, 죽어서 만난 것인가요? 살아 있는 것인가요?"

"내 생각을 그리 많이 한 것 같지 않구나. 은전을 낳은 고양이를 주지 않았잖아."

새가 말했다. 처녀는 궤짝을 그에게 주었다.

욕쇼큐 왕은 말했다.

"사흘마다 열어서 빈 궤에 쏟아부으시오!"

새는 상인의 마을로 내려앉았다.

"집으로 들어가시오. 두 궤짝을 여시오. 그래서 아내, 집, 당신의 모든 재산을 도로 사시오!"

욕쇼큐 왕은 이렇게 말하고 그를 축복한 후 작별을 고하고 날아갔다.

이 사람의 유일한 일은 이제 동전을 꺼내 담는 일이 되었다. 그리고 그의 아내는 임신을 하게 되었다. 사내애를 낳았다. 부자 상인은 아들에게 입맞춤을 할 겨를도 없이 계속 속으로 생각했다.

'아아트 용사가 요구하는 것이 내 아들놈이었구나. 아들이 세 살이 되면 뛰어다닐 텐데. 내가 모르는 것이 바로 이 아들이었구나.'

3년이 되자 아들은 뛰어다니고 밖에서 놀기 시작했다. 상인은 슬픔에 잠겨서 이렇게 생각했다.

'차라리 나를 데려가면 좋을 텐데.'

상인은 말도 하지 않고 먹지도 않았다. 아내가 물었다.

"왜 그리 상심하는 거예요? 왜 이야기도 하지 않는 거예요? 우리는 일심동체로 살기로 했잖아요! 말 좀 해 보세요."

"생각이 너무 많다오. 무엇하러 당신 가슴을 찢는단 말이오?"

"말해 주세요. 무슨 고통스러운 일이 닥친 거지요? 해결할 수 있는 무슨 수가 있을지도 모르잖아요. 알려 주세요."

상인은 모든 것을 이야기했다.

"왜 그리 슬퍼하세요. 거위 알 한 알이 어디서 썩든지 무슨 상관이 있겠어요? 놓아주어요."

"좋소. 어떻게 길을 찾을까?"

"찾을 거예요."

아내는 밤새 손수건을 모두 합쳐 손수건 한 장을 지었다. 아침에 아들에게 새 옷을 입혔다. 아들의 주머니에 이 손수건을 넣어 주었다.

"이 손수건을 잊어버리지 말거라. 놀다가 코를 닦고 싶거든 손수건을 흔들어라. 그 손수건이 너를 들어 올리거든 놀라지 말거라. 집으로 오는 길을 찾을 수 있을 거야. 여기 주머니에 공이 있으니 잊어버리지 말거라. 그 공을 뒤쫓으면 너를 인도해 줄 거야."

소년은 나가서 놀기 시작했다. 코를 닦으려고 손수건을 꺼내서 흔들었더니 마치 구름처럼 날아올랐다. 얼마나 멀리 날아갔는지 알 수가 없었다. 땅으로 내려갔다. 소년은 "공을 차야겠군"이라고 말하면서 공을 찼다. 공은 죽음의 나라 쪽으로 굴러갔다. 그 공을 차면서 따라갔다.

얼마를 걸었는지 알 수가 없었다. 사방이 막힌 막다른 곳에 있는 집과 마주쳤다. 문은 보이지 않았다. 공이 여기서 멈추었다. 공을 주머니에 넣자 문이 열렸다. 그와 동갑으로 보이는 아름다운 소녀의 얼굴이 나타났다.

"친구야, 들어와!"

소년이 들어갔다. 거기에는 아무런 옷도, 음식도 없었다. 소년은 이미 조금 자라 있었다.

"여기서 자고 가."

소년은 그곳에서 밤을 지새웠다. 아침에 일어나 보니 이 청년은 하룻밤 사이에 자라서 집이 좁아졌고 아아트 용사보다도 더 몸이 커졌다.

아가씨가 이렇게 말했다.

"너는 아아트 용사를 위해 운명 지워졌어. 내 아버지 욕쇼큐 왕은 너를 만나라고 명령했단다. 오늘 아아트 용사에게 가. 죽음의 나라 쪽으로 가면 멀지 않아. 내일은 아아트 용사의 생일날이야. 그는 너를 자신의 나라로 인도할 것이고 잔치를 베풀어 너를 대접할 거야. 아아트 용사는 선물 없이는 자기 나라로 들여보내지 않는단다. 무서워하지 말고 그와 함께 가. 아아트 용사가 하는 말에 무조건 동의해. 도착하면 모든 귀신들이 매우 반길 거야. 귀신들은 이렇게 생각할 것이야. '아아트 용사가 죽음을 감지한 것이 아닐까?

자신의 종말을 느낀 것이 아닐까? 저렇게 힘센 사람은 한 번도 데려온 적이 없지 않은가.' 너를 끓이려면 여덟 명의 사람들이 들 수 있는 아홉 양동이 들이 철 솥을 가져가야 할 거야! 강에 물을 뜨러 달려갈 거야. 그리고 계속 솥에 불을 때고 있을 거야. 너를 당장에 죽이기는 두려울 거야. 여기 비단 손수건이 있으니 주머니에 넣고 아무에게도 보여 주지 마. 너를 취할 때까지 마시게 하려면 술통을 많이 가져와야 할 거야. 아아트 용사는 계속 마셔 댈 거야. 모든 귀신들이 대접을 받으면서 술을 마실 거야. 너도 조금 마셔. 모두가 술에 취하면 아아트 용사의 머리를 잘라서 그 머리를 솥에 넣고 끓이고 모두를 죽여. 그런 다음 도망쳐 나와. 이 비단 손수건을 세 번 흔들어. 세 번 흔들고 나면 바로 이 집의 문 앞에서 눈을 뜨게 될 거야. 그러면 부모님께 함께 가자. 아버지가 그렇게 알려 주었단다."

그래서 청년은 갔다. 철 집을 만났다. 아아트 용사는 누워 있었는데 머리와 무릎을 반대편 벽에 기대고 있었다. 아아트 용사가 주춤거리며 일어섰다.

"하하. 부자 상인은 명예를 아는 사람이군. 너는 내 아들이 되어라. 내일은 내 생일이다. 너를 대접하기 위해 사람들을 초대했다."

"좋습니다. 갑시다."

두 용사는 죽음의 나라 쪽으로 뛰어서 들어갔다. 강에 이르러서 강을 뛰어넘었다. 나무 집들이 보이기 시작했다. 높은 강변까지 뛰어갔더니 털이 무성하게 자란 귀신들이 많이 모여 있었고 이들은 한없이 기뻐했다. '아아트 용사가 선물을 가지고 왔구나. 저런 선물은 아직 받아 본 적이 없구나. 자신의 종말을 감지한 것인가? 아니면 무슨 이유인가?'

여덟 명의 사람이 아홉 양동이 들이 철 솥을 멜대에 메고 물을 길으러 갔다. 상석으로 손님을 앉히고 그에게 철 의자를 내주었다. 아아트 용사가 말했다.

"자, 포도주를 가져오시오. 내 사람들이여, 마음껏 드시오!"

수많은 포도주 통을 가져와서 술판이 벌어졌다. 청년은 마시는 척만 했고 절반은 목덜미 뒤로 슬쩍 버렸다. 솥은 계속 끓고 있었다. 청년이 말했다.

"만난 것을 축하하며 마십시다. 축제는 두 번 오지 않는 법이니!"

계속 술을 마셨다. 아아트 용사는 술에 취해서 꽝 하고 나가떨어지고 모두가 만취했는데 청년은 술을 목덜미 뒤로 계속 버렸다. 사람들은 앉아 있다가 놀라면서 이렇게 생각했다. '아아트 용사가 곧 일어나서 우리를 죽이겠지.' 그래서 모두가 고목처럼 쓰러졌다.

청년은 아아트 용사의 목을 발로 밟고 목을 잘라서 솥에 끓이고 모든 귀신들을 죽이고 막대기처럼 차례로 때려 죽였다. 청년은 밖으로 나왔다. 처녀가 말해 준 대로 손수건을 흔들어서 날아갔다.

가장 순진한 귀신들만이 살아남았다. 일어나 보니 청년은 없었고, 아아트 용사 또한 없었다. 솥을 들여다보았다. 아아트 용사의 머리를 발견했다. 무서워서 이렇게 말했다.

"우리 자손들조차도 그들에 대항하지 않게 해라!"

청년은 처녀에게 당도했다. 처녀는 이것저것 묻기 시작했다. 청년은 모든 것을 이야기했다. 그들은 손수건을 타고 날아올랐다. 욕쇼큐 왕은 딸을 청년에게 시집보냈다. 성대한 결혼식을 올렸다. 사흘째에 욕쇼큐 왕이 말했다.

"자, 고향으로 떠나는 사랑스러운 사위여. 아내를 데려가게. 너희를 데려다주겠네."

"좋습니다. 갑시다."

욕쇼큐 왕은 이렇게 말했다.

"지금 내 여동생한테 날아가자. 내려앉으면 거기에 여덟 개의 날개가 달린 내 황금 말이 있을 것이다. 그 말을 내 딸의 지참금으로 주겠노라. 좋은 날이나 추도의 날에는 집짐승 고기가 되고 어려운 날에는 수호자가 될 것이다. 또 너에게 황금 궤짝을 주겠다. 고향까지 그 말이 데려다줄 것이다.

도착하게 되면 땅에 내려앉아서 열린 궤짝을 땅에 던지며 이렇게 말해라. '거대한 황금 도시 집이 되어라!' 그러면 그것이 네 집이 될 것이다. 모든 것은 준비되어 있을 것이다. 그런 다음 부모님께 가거라."

욕쇼큐 왕은 그들을 자신의 여동생에게 데려다주었다. 여동생은 말과 궤짝을 전해 주었다. 그들은 서로 입맞춤을 하고 작별 인사를 한 후에 헤어졌다. 그들은 말을 타고 날아가 부자 상인의 마당에 내려앉았다. 청년은 궤짝을 열어서 '거대한 황금 도시 집이 되어라'라고 말하면서 던졌다. 모든 것이 준비되었다. 부모님을 뵈러 갔다. 부모는 처음엔 그들을 알아보지 못했으나 이내 알아보았고 기쁨은 끝이 없었다. 청년은 부모님을 자기 집으로 모셔 갔다. 그렇게 해서 오늘날까지 부자로 살고 있다.

리이비라

리이비라가 유연하게 흔들거리면서 노를 저어 가고 있었다. 그렇게 항해하다가 돌에 부딪쳐서 배가 달라붙었다. 노로 때렸다. 노가 달라붙었다. 손으로 때렸더니 손이 달라붙었다. 다른 손으로 때렸더니 다른 손도 달라붙었다. 발로 찼더니 발이 달라붙었고 다른 다리로 찼더니 다른 다리도 달라붙었다. 배로 밀었더니 배도 달라붙었다. 그런 다음 머리로 때렸더니 머리도 역시 달라붙었다. 그렇게 달라붙은 채로 서 있었다.

그렇게 서 있는데 안가아 몬구스[15]가 다가왔다.

"이렇게 기쁠 수가! 저녁 찬거리가 준비되었군!"

이렇게 말하고 리이비라를 잡아서 주머니에 넣고 집으로 갔다. 오솔길로 나와서 안가아 몬구스는 갑자기 변이 보고 싶어졌다. 안가아 몬구스가 변을 보려고 앉았을 때 리이비라는 주머니의 구멍을 통해서 빠져나갔다. 안가아 몬구스는 아무것도 모른 채 바지를 올리고 집으로 갔다. 마당에서 헛간에 외투를 벗어 던지고 집으로 들어갔다. 그의 아내

15) 안가아 몬구스는 설화에 나오는 괴물로 나쁜 역할의 등장인물이다.

인 노파가 앉아서 바느질을 하고 있었다.

"이봐, 할멈. 선물을 가져왔지. 마당에 외투 주머니 안에 있으니 나가서 가져와!"

노파는 너무 기뻐서 골무와 바늘을 삼켜 버리고 뛰어나갔다. 노파는 아무것도 찾지 못하고 집으로 도로 들어왔다.

"당신의 주머니에는 아무것도 없어요!"

노파가 말했다.

안가아 몬구스가 소리소리 질렀다.

"틀림없이 당신이 다 먹어 치웠군!"

안가아 몬구스는 노파의 배를 갈랐다. 노파의 배에서는 댕그렁 하고 골무와 바늘밖에 나오지 않았다.

"오, 소중한 내 아내!"

안가아 몬구스는 소리쳤다. 도로 뛰어나갔다. 리이비라는 오솔길에 누워 있었다. 그를 다시 붙잡아서 주머니에 넣었다.

다시 집으로 뛰어가 리이비라를 갈고리에 걸어 놓았다. 안가아 몬구스는 일곱 명의 대머리 아이들이 있었다. 자기 아이들에게 말했다.

"애들아, 앉아라. 리이비라의 기름이 떨어지기 시작할 것이다. 내가 올 때까지 끓여 놓아라!"

그렇게 말하고 곧장 밖으로 나갔다.

조금 지나서 리이비라는 소변을 보았다. 이때 아이들이 소리쳤다.

"야, 신난다! 리이비라의 기름이 떨어지기 시작했다!"

그런 다음 리이비라는 대변을 보았다. 아이들이 소리쳤다.

"야, 신난다! 리이비라의 단단한 비계가 나오기 시작했다!"

리이비라는 아이들에게 말했다.

"얘들아! 나를 내려 주렴. 내가 너희에게 내 기름을 뜨기 좋게 숟가락을 만들어 줄게."

"네, 좋아요!"

아이들이 좋아하며 리이비라를 내려 주었다.

리이비라는 말했다.

"아주머니의 날카로운 도끼를 가져오너라!"

아이들이 가져다주었다.

"너희들은 침상에 누워서 어떻게 하는지 봐라."

아이들이 누웠다. 아이들이 눕자마자 리이비라는 단번에 그들의 머리를 잘랐다. 그들의 고기를 끓였다. 아이들의 머리를 침상에 나란히 놓고 이불로 덮었다. 불갈고리를 잡고 아궁이 밑으로 기어 들어갔다.

그렇게 누워 있는데 안가아 몬구스가 도착했다. 안가아

몬구스는 소리쳤다.

"애들아! 문을 열어라!"

아무도 문을 열어 주지 않았다. 몇 번을 소리쳤다. 아이들은 열어 주지 않았다. 문을 부수고 들어갔다. 가서 보니 고기가 끓고 있었고 아이들은 자고 있었다.

"오, 내 아이들이 리이비라의 비계를 실컷 먹고 자고 있는 게로구나!"

그가 말했다.

그리고 솥을 내렸다. 심장을 맛보았더니 심장이 조여들었다.

"오, 리이비라가 내 친척이었구나!"

그가 말했다. 내장을 맛보았더니 내장이 뒤집히는 듯했다.

"오, 리이비라가 내 진짜 피붙이였구나!" 그가 말했다.

그런 다음 일어나 아이들에게서 이불을 걷어 냈더니 일곱 개의 머리가 굴러 떨어졌다. 갑자기 안가아 몬구스는 소리소리 질렀다.

"리이비라! 어디에 있느냐?"

리이비라가 소리쳤다.

"나는 밖에 있지!"

이 소리를 듣고 안가아 몬구스는 무턱대고 벽을 가로질

러 나갔다. 리이비라는 아무 데도 없었다.

"리이비라, 어디에 있느냐?"

"나는 여기, 집 안에 있지!"

리이비라가 말했다.

집 안으로 들이닥쳤지만 리이비라는 없었다.

"리이비라, 어디에 있느냐?"

"나는 연통에 있지!"

연통을 들여다보았지만 리이비라는 그 어디에도 없었다.

"리이비라, 어디에 있느냐?"

그가 소리쳤다.

리이비라는 말했다.

"나는 아궁이 아래에 있다!"

안가아 몬구스는 이 말을 듣자마자 거기로 머리를 들이밀었다. 리이비라가 말했다.

"할아버지, 머리를 넣지 마세요! 기어들어 오지 마세요. 뒷걸음질 쳐 가세요."

안가아 몬구스는 뒷걸음질 쳐서 기어갔다. 그렇게 기어들기 시작하자 리이비라는 빨갛게 달군 불갈고리를 그의 엉덩이에 찔러 넣었다. 안가아 몬구스는 숨을 뱉고 죽었다. 리이비라는 나와서 집으로 갔다. 그렇게 해서 오늘날까지 배

부르고 풍요롭게 살고 있다고 전한다.

농부 노인과 노파

어느 한 농부가 살고 있는 곳에 왕이 있었다. 이 왕은 아내가 죽고 지금은 홀아비였다. 그는 아내와의 사이에 딸 하나가 있었다. 농부는 왕에게 동냥을 하거나 먹을 것을 구걸하러 다니곤 했다. 어느 날 농부가 왕에게 동냥을 하러 갔을 때 왕은 방금 일어나 막 세수를 하고 수건으로 얼굴을 닦고 있었다.

왕이 물었다.

"이보게, 노인. 왜 왔는가?"

노인이 말했다.

"배가 고파서 먹을 것을 구걸하러 왔습죠. 음식이 하나도 없습니다."

농부는 왕과 함께 차를 마셨다. 차를 다 마시자 왕이 말했다.

"내가 먹을 것을 주겠네."

왕은 노인에게 식료품이 든 어린이 썰매를 주었다. 농부는 썰매를 집으로 끌고 와서 살았다. 썰매는 온갖 음식을 실어 왔다. 노파와 함께 음식을 먹었고 부족함이 없었다. 그렇게 사나흘을 지냈다.

어느 날 아침 노인은 왕에게 또 가야만 했다. 노인은 차를 마시고 옷을 입고 앉아 있었다. 그러고는 담배를 피우고 있었는데 갑자기 아내가 아팠다. 아내는 고통 때문에 밧줄을 붙들고 있었다.[16] 배를 만져 보았더니 아내는 출산을 하려는 것이었다. 아내가 아들을 낳았다. 노인은 왕에게 갈 수가 없었다.

"낮에 점심때 가겠소."

노인은 아내가 어린애 씻기는 것을 도와주었다. 그리고 점심때가 되었다.

"다녀오겠소."

노인이 이렇게 말하고 옷을 입었다. 옷을 입자 아내가 또 몸이 안 좋아졌다. 아내를 살펴보니 또 출산을 하려는 것이었다. 아내는 또 사내애를 낳았다. 노인은 또 왕에게 가지 않았다. 노인은 기뻐하면서 말했다.

"내일 가는 것이 좋겠소."

저녁에 해가 지자 아내는 또다시 몸이 안 좋아졌다. 아내를 만져 보니 또 출산을 하려는 것이었다. 노인은 단번에 세 아이를 가지게 되어서 너무 기뻐했다.

---

16) 예전에 돌간족의 여자들은 출산 동안에 창 사이에 밧줄을 묶어 당겨 놓고 그것을 붙들고 출산을 했다.

"아침에 아이들의 이름을 지어 주겠소."

노인은 자고 일어나 차를 마셨다. 그러고는 아이들의 이름을 지었다.

"아침에 태어난 아들은 우트렌니크[17]라고 하겠소. 낮에 태어난 아들은 폴덴[18]이라고 하겠소. 저녁에 태어난 아들은 베체르니크[19]라고 부르겠소."

그리고 노인은 왕에게 갔다. 왕은 아침 차를 마시려고 앉아 있었다. 왕이 물었다.

"노인장, 왜 오셨소?"

농부가 말했다.

"매우 중요한 일로 왔습니다. 제가 하루에 아들 셋을 얻었습니다. 아이들을 먹일 음식을 가지러 왔습니다."

그리고 왕에게 증서를 주었다. 왕이 증서를 읽어 보니 정말로 세 아들이 있었고 이름이 적혀 있었다.

왕이 말했다.

"원하는 만큼 먹을 것을 가져가시오."

---

17) '아침 추위', 또는 '아이들을 위한 아침 공연'을 뜻하기도 하고 '아침에 태어난 자'를 뜻하기도 한다.

18) '정오'라는 뜻이다.

19) '야간 근무자'라는 뜻이기도 하고 '밤에 태어난 자'를 뜻하기도 한다.

"두 달구지분의 식료품을 가져가겠습니다."

이 노인은 식료품을 자기 썰매의 꼭대기까지 실어서 집으로 가져갔다.

아이들을 낳은 후 20년을 그렇게 살았다.

그리고 어느 날 아이들이 아직 일어나기도 전에 왕에게 갔다.

왕에게 가서 탁자에 편지를 놓았다. 왕이 읽어 보니 식료품을 달라고 왔다는 내용이었다. 그러자 왕은 식료품을 썰매 꼭대기까지 가득 실어 주었다. 집에 도착하자 아이들이 일어나 있었다. 그들을 먹인 후에 이렇게 말했다.

"왕께서 너희를 부르신다."

아들들이 대답했다.

"아침에 갈게요."

청년들은 차를 마시고 어머니를 위해 충분히 장작을 팼다. 그리고 아침에 일어나서 왕에게 갔다. 아들들이 도착해 보니 왕이 막 차를 다 마시고 앉아 있었다.

"왕이시여, 왜 우리를 부르셨습니까? 무슨 일을 맡기시렵니까?"

그들이 물었다.

왕이 말했다.

"짐이 한 가지 일을 부탁하고 싶다. 과거에 나에게는 아내가 있었다. 아내가 죽은 후 나는 홀아비가 되었다. 그 아내한테서 딸 하나가 있었는데 그 딸이 집을 지켰다. 집에 딸을 혼자 두고 나는 백성들을 둘러보기로 결정했다. 보통 3년을 돌아보고 집으로 돌아오곤 했다. 이번에도 3년이 지나 집에 와 보니 딸이 어디에도 없었다. 그래서 너희에게 내 딸을 찾아오라고 보내고 싶다. 내 말에 어떻게 대답하겠느냐? 가겠느냐? 안 가겠느냐? 나는 내 딸을 이미 3년째 찾고 있는 중이다. 땅 밑도 찾아보았고 하늘도 찾아보았지만 소용이 없었다. 찾지를 못했다."

청년들은 이렇게 말했다.

"우리가 왜 가지 않겠어요? 가겠습니다. 다만 우리 셋에게 각각 말을 내주세요."

왕이 말했다.

"당연히 내줄 수 있다. 자, 이제 집으로 가서 아침 일찍 다시 오거라."

청년들은 먹을 것을 등에 질 수 있는 만큼 가득 지고 집으로 돌아갔다.

도착해서 아버지에게 말했다.

"왕이 저희를 먼 곳으로 보내고자 합니다."

청년들은 장작을 잔뜩 실어 와서 팼다. 그리고 잠을 자고 아침에 벌떡 일어나서 차를 마신 후 왕에게 달려갔다. 왕은 막 차를 마시고 침대에 누워서 이리저리 뒹굴고 있었다.

"오, 농부의 아들들이구나. 잠을 잘 자지 못한 것 같구나."

왕이 말했다.

왕은 벌떡 일어서서 옷을 입고 청년들과 함께 밖으로 나갔다. 말 세 필이 묶여 있었다.

"자, 너희가 타고 갈 말이 여기 있다."

우트렌니크와 폴덴은 자기들의 말을 타고 달려갔다. 베체르니크는 말을 타려고 말의 등에 다리를 올려놓았다. 그러나 한 다리의 무게를 견디지 못하고 말의 등이 부러졌다.

그러자 베체르니크는 왕에게 말했다.

"저런 말을 타고 갈 수는 없어요. 다른 말을 주세요."

이 말에 왕은 머리를 긁적이기 시작했다. 왕의 옆에는 나이가 매우 많은 노인이 서 있었다. 노인에게 물었다.

"혹시 당신한테 그런 말이 있소?"

"내게 그런 말이 어디에 있겠어요? 당신의 도시에서 태양이 비치는 쪽으로 가 보세요. 가다 보면 도시 외곽에 창고가 있을 거예요. 그 창고를 열면 별채 안에서 말이 걸어 다니고 있을 겁니다. 그 말을 잡아서 타세요."

왕은 베체르니크와 함께 떠났다. 그곳에 도착해서 문을 열고 뛰어 들어갔다. 베체르니크는 말의 고삐를 잡고 끌고 나왔다.

이후에 말을 타고 자유롭게 달려갔다. 그가 조금 지나 정신을 차려 보니 이미 형제들 사이에서 달려가고 있었다. 오랫동안 달려갔다. 형제들은 도시에 도착했다. 도시 안의 집은 모두 비어 있었다. 그곳에 매우 긴 집 한 채가 서 있었다. 한쪽 끝의 문을 열었다. 그러자 거기서 수없이 많은 암소와 말들이 나왔다. 모두 내몰아 쫓았다. 그리고 여기에 자신들의 말을 풀어 놓았다.

도시의 변방에는 아주 아름다운 집이 있었다. 형제들은 그 집으로 들어갔다. 집은 비어 있었다. 그들은 차를 준비하고 음식을 끓였다. 그러곤 잠이 들었다. 잠에서 깼을 때 베체르니크가 이렇게 조언했다.

"우트렌니크 형은 이 집에 남아. 폴덴 형과 나는 떠나서 아무 흔적이라도 찾아볼게. 만약 내가 없이 누군가가 도착하면 그 사람보고 나를 기다리라고 해 줘. 만약 나를 기다리지 않고 떠나면 내가 어디라도 찾아갈 거라고 전해 줘."

형제들은 떠났다. 우트렌니크는 장작을 준비해서 침상에 누웠다. 그렇게 누워 있자니 밖에서 말과 암소들을 부르는 목소리가 들렸다. 문틈으로 엿보았다. 어떤 사람이 말과 암소들에게 먹이를 주면서 다니고 있었다. 키는 50센티도 안 되는 난쟁이인데 턱수염은 1.5미터나 되었다. 그는 건초를 두 수레 가져와서 가축들에게 먹이를 주며 다니고 있었다.

'시력이 좋으니 틀림없이 연기를 보게 될 거고 들어올 거야.'

이렇게 생각하고 그는 침대로 가서 다시 누웠다.

그러자 정말 누군가가 삐걱거리며 들어왔다. 그러더니 누워 있는 우트렌니크의 앞머리를 붙잡아 침대에서 끌어 내렸다. 그런 다음 철 턱수염으로 세차게 때렸다. 그런 다음 침대에 던졌다. 그러고는 나갔다. 우트렌니크도 그를 쫓아 나갔다. 너무 아파서 겨우 다리를 움직이면서 나갔다. 나가 보니 아무 흔적도 없었다. 집 주변에는 아무것도 보이지 않았고 안개만 덮여 있었다. 우트렌니크는 집 안으로 들어와서 다시 누웠다.

그렇게 누워 있는데 저녁에 형제들이 도착했다.

그들이 물었다.

"무슨 일이야? 왜 누워 있어?"

우트렌니크가 말했다.

"집에서 무슨 탄내가 나는데? 질식하겠어."

이 말에 막둥이가 말했다.

"낯선 집에서는 무슨 일이든 일어날 수 있는 거지. 탄내도 마찬가지고."

저녁에 형제들은 차를 마시고 잠자리에 들었다. 다음 날 막둥이가 말했다.

"이번엔 폴덴 형이 남아 있어."

베체르니크는 우트렌니크 형과 함께 나갔다. 그들이 떠나자 폴덴은 장작과 물을 여유 있게 저장했다. 모든 것을 준비하고 침상에 누웠다. 그렇게 누워 있는데 말과 암소들을 부르는 얼마 전 그 목소리가 들렸다. 내다보았다. 어제의 그 사람이 왔다. 건초를 두 수레 가져왔다.

폴덴은 이렇게 생각했다.

'연기를 보면 틀림없이 들어올 거야.'

폴덴은 침상에 되는대로 누워 있는 척했다. 조금 지나자 긴 턱수염을 한 사람이 들어와 이렇게 말했다.

"왜 내 집에 허락도 없이 누워 있는 거야?"

그 사람은 또다시 폴덴의 앞머리를 붙잡아서 끌어냈다. 그 사람은 폴덴을 철 턱수염으로 세게 때리고는 침상에 던져 버렸다. 그러고 나서 그는 가 버렸다. 그 사람이 나가자마자 폴덴은 그의 흔적을 좇아 나갔다. 나가서 둘러보니 밖에는 앞을 분간할 수 없는 안개뿐이었다. 집으로 들어와 힘없이 누웠다.

저녁에 형제들이 도착해 물었다.

"무슨 일이야? 왜 누워 있어?"

"집에 무슨 탄내가 나는 거야? 탄내 때문에 질식해 죽겠어."

"낯선 집에 무슨 일인들 일어나지 않겠어."

막둥이가 이번에도 그렇게 말했다.

차를 마시고 모두가 잠이 들었다. 아침에 일어나 막둥이가 말했다.

"내가 남을 테니 형들은 가요."

막둥이가 남았다. 두 형들은 떠났다. 막둥이는 물과 장작을 여유 있게 저장했다. 그런 다음 침상에 드러누웠다. 그렇게 누워 있는데 밖에서 말과 암소들을 부르는 목소리가 들렸다. 문틈을 엿보았더니 50센티미터도 안 되는 난쟁이가 1.5미터나 되는 턱수염을 달고 건초를 두 수레 끌고 오고 있었다. 이 사람은 말과 암소들을 먹이고 있었다.

'틀림없이 우리 집 위의 연기를 볼 테고 필요하면 들어오겠지.'

막둥이는 이렇게 생각했다. 그리고 침상에 누웠다.

그 사람이 들어왔다. 삐걱거리면서 들어와서 이렇게 말했다.

"왜 내 집에서 내 허락도 없이 누워 자는 거냐?"

그리고 막둥이의 앞머리를 붙잡아서 끌어내려고 했지만 그럴 수가 없었다. 베체르니크는 펄쩍 뛰어 침상에서 일어났다. 그 사람의 턱수염을 붙잡고 밖으로 끌어냈다. 그런 다음 문의 접철에 턱수염을 끼워 물렸다. 턱수염을 집으로 끌고 들어와서 풀었다. 그 사람은 온종일 그렇게 누워서 삐걱댔다. 그런 다음 갑자기 사라졌다. 살펴보니 끼워 물린 턱수염은 여전히 매달려 있었다. 밖으로 나와 보니 그 사람은 아래턱의 가죽을 잡아 뜯고 도망친 것이었다. 턱수염을 집 안으로 가지고 와서 단단히 감아서 침상 밑에 던져 놓았다.

베체르니크는 밖으로 나와 그 사람의 흔적을 찾기 시작했다. 둘러보니 그 사람은 문에서 나와 두 발자국을 내딛고는 펄쩍 뛴 것이 틀림없었다. 피도 발자국도 남지 않았기 때문이다. 베체르니크는 집 안으로 들어가서 차를 마시고 침상에 드러누웠다. 그렇게 누워 있는데 형들이 돌아왔다. 베체르니크는 그 철 턱수염으로 형들을 세게 때리고 침상에 던졌다. 다음 날 아침에 형들은 생생해졌고 완쾌되었다. 동생이 말했다.

"자, 우리가 그 흔적을 찾아 떠나요."

그들은 발자국 흔적을 따라갔다. 아침 일찍부터 저녁까지 다녔지만 또 다른 발자국만 발견했다. 또다시 그 발자국을 따라갔다. 그렇게 가다가 땅에 구멍이 난 곳에 이르렀다. 그 구멍으로 내려가려고 멈추었다. 그렇게 서 있는데 베체르니크가 조언을 했다.

"내가 이 구멍으로 내려갈게. 형들은 그 집으로 돌아가서 기다려. 만약에 빨리 목적을 달성하면 사흘 안에 돌아올게. 사흘이 다 되어 갈 때 이 구멍으로 와. 여기서 밧줄을 내려 줘. 여기에 밧줄이 놓여 있네. 이 밧줄로 내려갈게."

그리고 자신이 직접 밧줄을 타고 내려가기 시작했다. 내려가니 땅 바닥에 닿았다. 계속 그쪽으로 걸어가니 그 사람의 흔적이 보였다. 피가 묻어 있는 쪽으로 계속 갔다. 철 집에 이르렀다. 그 집의 문을 열었더니 왕의 딸인 처녀가 앉아 있었다. 그 집 안으로 들어갔다.

베체르니크가 들어가자 처녀가 물었다.

"어디서 오신 거예요?"

베체르니크가 말했다.

"왕이 보내서 왔습니다. 왕은 당신을 찾아오라고 보냈습니다. 여기에 한 사람이 지나가지 않았습니까?"

"내 남편이 지나갔어요. 베체르니크가 턱수염을 뜯었다고 말했어요. 여기서 나가 사흘을 걸어가세요. 그러면 바다에 닿게 될 거예요. 바다를 가로질러서 산줄기가 뻗어 있을 거예요. 제가 남편의 칼을 보관하고 있어요. 당신이 그 칼을 가지고 가세요."

처녀는 이렇게 말하고 베개 밑에서 칼을 꺼내서 건네주었다.

"당신이 산이라고 생각한 것이 사실은 그 사람이에요. 처음에는 그 커다란 아바아시 산을 쪼개야만 해요. 그 품속에 턱수염이 긴 사람이 누워 있을 거예요. 그리고 돌아오세요."

청년은 차를 마시고 떠났다. 아바아시가 있는 장소에 도착했다. 다가가 보니 아바아시는 머리가 아홉 달린 괴물이었다. 머리 아홉 개를 모두 뿌리까지 잘랐다. 이전의 조그만 사람은 아바아시의 품속에 누워 있었다. 그를 반쪽으로 잘랐다. 그 후에 처녀한테 돌아갔다. 처녀한테 가서 서둘지 않고 차를 마셨다.

차를 마시고 청년은 처녀와 함께 길을 떠났다. 타고 내려왔던 밧줄이 있는 곳에 도착했다. 위에서 기다리고 있는 형제들에게 알리려고 밧줄을 잡아당겼다. 그러자 형제들이 밧줄을 끌어 올렸다. 두 사람은 밖으로 나온 다음 그 집으로 돌아갔다. 도착한 후 이틀을 머물렀다.

그 후에 저녁이 되자 자기 집으로 돌아갔다. 집에 도착해서 왕의 집으로 뛰어갔다.

"이렇게 당신의 딸을 데려왔습니다."

베체르니크가 말했다.

왕이 말했다.

"부모님을 이리로 모시고 오너라."

그런 다음 그들은 가서 달구지 세 대에 부모님을 모시고 왔다. 베체르니크는 왕의 딸과 성대한 결혼식을 치렀다.

왕은 자신을 대신해서 베체르니크를 왕으로 세웠다. 왕 자신은 부왕이 되었다. 두 형제는 나무꾼과 물지게꾼으로 정했다. 그런 다음 부유하고 배부르게 살았다.

세 청년

옛날 옛날에 한 왕이 살고 있었다. 그는 자식이 없었다. 어느 날 왕은 곰곰이 생각했다.

'왜 내게는 자식이 없을까? 나이 많은 사람들한테 물어봐야겠군.'

그렇게 생각하면서 앉아 있는데 아내가 들어왔다.

"여보, 무슨 생각을 하시는 거예요?"

"내일 사람들을 불러 모읍시다. 언제까지 자식도 없이 텅 빈 벽을 보면서 살 거요? 왜 우리한테는 자식이 없는지 물어봅시다. 우리가 죽으면 재산을 누구한테 물려준단 말이오?"

아침에 일어나니 많은 사람들이 모여 있었다. 왕이 물었다.

"왜, 우리는 자식이 없는 거요? 자식을 얻기 위해 무엇을 해야 한단 말이오? 여러분은 어떻게 생각하시오?"

사람들이 수군거렸다. 한 늙어 빠진 애꾸눈 노인이 문틈을 엿보았다. 사람들이 불쌍한 애꾸눈 노인을 가운데로 밀쳤다.

"여기 잘 아는 사람이 있소이다."

노인은 위아래로 보더니 뒷짐을 지고는 말했다.

"황금 그물과 황금 배와 황금 노를 준비하시오. 그런 다음 왕이 고기를 잡으러 가시오. 그물에 물고기가 걸리면 그 물고기를 왕후께서 드시오."

왕후가 비웃었다.

"그 물고기로 배가 부를까요?"

오랫동안 생각하지도 않고 다음 날 아침 왕은 황금 노가 달린 황금 배를 타고 고기를 잡으러 갔다. 펄떡펄떡 뛰는 살아 있는 물고기 한 마리를 잡아 왔다.

"자, 내가 잡은 고기다. 어서 끓여라!"

왕이 이렇게 말하며 요리사에게 건네주었다.

요리사는 물고기 비늘을 풀에 비벼서 깨끗이 제거한 다음 요리를 했고 왕후는 그 물고기를 먹었다. 왕후는 접시에 뼈를 놓아두었고 요리사는 그 뼈를 개에게 던져 주었다.

왕과 왕후가 밤을 보낸 후에 왕후는 아들을 낳았고, 비늘 묻은 풀을 먹은 암소도 아들을 낳았고, 물고기 뼈를 먹은 개도 아들을 낳았다. 세 명의 아들이 태어났다. 얼마의 시간이 흘렀고 아이들은 자라서 함께 놀기 시작했다.

어느 날 왕자가 말했다.

"친구들아, 배를 타고 가자."

청년들이 얼마나 노를 저어 갔는지 알 수가 없다. 가다가 보니 할머니 강[20]의 강변에 커다란 바라크가 세워져 있었다.

친구들이 깜짝 놀랐다.

"이게 뭐지?"

왕자가 말했다.

"정박해서 카드놀이를 하자."

개의 아들이 말했다.

"에이, 왜? 어쩌면 아바아시의 집일지도 모르잖아."

암소의 아들이 말했다.

"정박하자. 조금 쉬었다 가자."

강변으로 나가자마자 두 청년은 카드를 하려고 앉았다. 개의 아들은 잠이 들었다. 카드놀이를 얼마나 했는지 알 수 없지만, 이 청년들도 잠이 들었다. 한밤중에 개의 아들이 잠에서 깼는데 누군가의 발자국 소리가 들렸다. 나가보니 아바아시였고 바라크 쪽으로 걸어오고 있었다.

'오, 우리는 이제 죽었구나.'

---

20) 돌간족의 민속에 따르면 강과 호수의 이름을 입 밖으로 발음해서는 안 된다. 왜냐하면 땅의 영혼은 그들을 허물없이 이름으로 부르는 것을 좋아하지 않기 때문이다. 그래서 돌간족은 강과 호수를 그냥 '할머니'라고 높여 부른다.

이렇게 생각하고 개의 아들은 친구들을 깨우려고 했다. 그런데 그 청년들이 일어나겠는가?

"내가 간다. 간다. 너를 잡아먹겠다."

아바아시의 목소리가 들렸다.

청년은 곧바로 뛰어나가서 아바아시와 싸우기 시작했다. 긴 시간이 흘렀고 아바아시의 머리를 바위에 때려 깨뜨렸다. 그 후에 아바아시의 두개골에서 글자가 쓰인 돌을 꺼냈고 그 돌을 주머니에 넣었다.

아침에 마치 아무 일도 없었던 것처럼 친구들을 깨웠다.

"거위를 사냥하러 가자."

청년들은 기지개를 켜면서 겨우 일어나서 차를 마시기 시작했다. 침상에서의 날은 짧았다. 긴 시간이 흘렀고 날이 어두워졌다. 개의 아들은 먹고 잠이 들었고 친구들은 또다시 카드놀이를 하려고 앉았다.

개의 아들이 한밤중에 깨 보니 친구들은 앉은 채로 잠이 들어 있었다. 청년은 귀를 기울이기 시작했다. 멀리서 누군가의 발자국 소리가 들렸다. 친구들을 깨우려고 했지만 방금 잠이 든 사람들을 깨울 수가 있겠는가? 개의 아들은 밖으로 나가서 두 번째 아바아시의 머리를 바위에 때려 깨뜨렸다. 아바아시는 다리를 떨더니 쭉 뻗으면서 죽었다. 개의 아들은 아바아시의 두개골에서 글자가 쓰인 돌을 꺼냈고 또다시 주머니에 넣었다.

세 번째 날 밤에 세 번째 아바아시의 머리를 깨부수었고 글자가 쓰인 돌을 꺼냈다. 개의 아들은 동이 트자마자 친구들을 깨워 말했다.

"집으로 가자."

그러나 왕자는 고집을 피웠다.

"왜 그래! 조금만 더 있자. 재밌잖아."

암소의 아들은 잠시 아무 말 없이 있다가 이렇게 말했다.

"부모님이 기다리시잖아. 이제 가자."

청년들은 길을 나섰다. 개의 아들이 노를 저었다. 긴 시간이 흘렀고 칼집을 더듬거리더니 이렇게 말했다.

"친구들아, 칼을 잃어버렸어. 찾으러 가야겠어."

개의 아들이 바라크에 다가가자 여자들의 울음소리가 들렸다.

늙은 지게 바바[21]의 목소리가 말했다.

"내가 맛있는 음식이 되어 그들의 배에 가서 큰 접시에 담기겠어. 나를 맛보는 순간 모두가 죽게 될 거야."

"나는 일찍이 보지 못한 아름다운 비단 수건이 되어 왕자

---

21) 러시아 민속에 등장하는 마녀(마귀할멈) '바바 야가'에서 차용된 인물이다.

의 무릎에 펼쳐져 모두를 목매어 죽일 거야."

"그럼 나는 찐득한 풀이 되어 그들의 배에 꽉 붙어 물로 끌고 가서 모두를 익사시킬 거야."

첫 번째 여자가 말했다.

"좋아. 아주 생각들 잘했군."

이 말을 들은 개의 아들은 강변에서 밑으로 뛰어 내려가서 배를 타고 노를 젓기 시작했다. 친구들을 할머니 강의 중앙으로 몰고 갔다. 청년들은 조금씩 노를 저어 갔다.

얼마간의 시간이 흘렀는데 배로 음식이 가득 담긴 접시가 떠내려 왔다. 왕자는 기뻐하면서 접시 쪽으로 손가락을 쫙 벌렸지만 개의 아들은 접시를 물로 밀쳐 떨어뜨려 버렸다.

왕자가 뾰로통해져서 코가 쑥 빠진 채 앉아 있었는데 그의 무릎에 아름다운 비단 수건이 펼쳐졌다.

"오, 세상에. 엄마께 선물을 해 드려야겠군."

이렇게 말하고 막 주머니에 넣으려고 하는데 개의 아들이 수건을 빼앗아서 칼로 조각조각 낸 다음 물에 던져 버렸다. 분노가 치밀어서 왕자는 한마디도 하지 않았다.

또 많은 시간이 흘렀고 배가 물에 붙었다. 할머니 강의 물은 시커메졌다. 청년들은 전혀 노를 저을 수가 없었다.

그들은 깜짝 놀랐다.

개의 아들이 친구들에게 명령했다.

"물을 도끼로 찍고 칼로 찔러. 내가 노를 저을게."

개의 아들이 시키는 대로 하면서 들여다보니 물이 정말로 맑아지고 선홍빛이 되어 가기 시작했다. 곧 그들의 배는 물에서 벗어나게 되었다. 청년들은 조금씩 노를 저어 갔다.

또 시간이 흘렀고 할머니 강의 높은 강변 위에 그들의 도시가 나타났다. 청년들은 강변에 배를 정박하고 세 방향으로 흩어졌다. 왕자는 강변의 흰 집으로 갔고 개의 아들은 어머니의 낮은 개집으로 기어 들어갔고 암소의 아들은 마당에서 어머니를 만났다.

아침에 왕은 청년들을 불렀다.

"자, 내 아이들아. 왜 그렇게 오랫동안 다니다 왔는지 이야기를 해 보아라."

"세 아바아시의 두개골에서 글자가 새겨진 돌 세 개를 찾았습니다."

개의 아들이 이렇게 말하고 왕에게 돌 세 개를 건네주었다.

왕이 개의 아들의 목을 껴안고 눈물을 훔친 다음 이렇게 말했다.

"오늘부터 너는 왕이 될 운명이구나. 내 아들과는 형제처럼 지내라."

세 명의 청년들은 부유하고 만족스럽고 사이좋게 잘 살았다.

라아이쿠

라아이쿠라는 이름의 한 외로운 수캐가 살았는데 부모를 기억하지 못했다. 어느 날 수캐는 사람들을 찾으러 나갔다. 그렇게 배회하다가 높은 산을 보았다. 개는 '저기로 올라가면 어떻게 될까?' 하고 생각했다. 산에 올라가서 보니 지게 바바가 저쪽에서 오고 있는 것이었다. 산의 중앙까지 이르러서 잠시 앉았다. 라아이쿠는 변신을 아주 잘했다. 어린아이로 변신해서 산 밑으로 굴러 내려갔다.

"오, 이런 죄를 짓다니! 어떻게 아이를 낳은 것을 몰랐을까!"

지게 바바는 이렇게 말하고 어린아이를 감싸 안고 집으로 데려갔다.

지게 바바는 자기 남편인 노인과 함께 할머니 강의 강변에 살고 있었다. 그들은 자식이 없었고 길들여진 사슴 한 마리만을 가지고 있었다. 소년은 하루가 다르게 성장했다. 그리고 곧 말하기 시작했다. 어머니는 모자가 달린 소쿠이[22]를 그에게 지어 입혔다. 어린아이는 집 근처에서 이미 뛰어

---

22) 사슴 가죽으로 만든 겨울 외투다.

다니기 시작했다.

노인은 대체로 그물을 던져서 물고기를 잡았다. 그래서 어린아이에게 생선만 먹였다.

라아이쿠는 어느 날 이렇게 말했다.

"엄마, 고기가 먹고 싶어요."

"영감, 새끼를 낳지 못하는 암컷 사슴을 잡읍시다. 아이가 고기가 먹고 싶대요."

노인은 사슴을 잡아 죽였다.

변신한 라아이쿠의 바람은 점점 더 커져 갔다.

"엄마, 왜 우리는 할머니 강의 건너편 강변으로 이사 가지 않는 거예요? 그쪽이 더 평평하고 건초도 많잖아요."

그가 말했다.

"영감, 아이가 말하는 것을 들었어요? 사실 맞는 말이잖아요. 한곳에서 얼마나 더 살아야 하는 거예요? 이사합시다."

노인은 반대하지 않고 식구들을 배에 태우고 저쪽 강변으로 옮겨 갔다. 라아이쿠는 컹컹 짖으며 달려갔다. 저녁 무렵 이사가 끝났을 때 어린아이는 어머니에게 다가와서 무릎에 앉았다.

"엄마, 배를 타고 싶어요."

"또 뭐라고?"

노인은 화를 냈다. 그러나 조금 생각한 후에 이렇게 말했다.

“좋다. 배를 타러 가자. 하지만 멀리 가면 안 된다.”

“네. 멀리 가지 않을 거예요. 할머니 강의 강변 주위에서만 탈게요.”

라아이쿠가 말했다.

라아이쿠는 배에 타고 조금씩 강변 주위를 노 저어 갔다. 노인이 할머니와 집으로 들어가자마자 더 멀리멀리 배를 타고 떠나갔다. 할머니 강의 가운데까지 이르자 어린아이는 다 성장한 사람으로 변했다. 노인이 나와서 보니 아들은 이미 멀리 있었다.

“어떻게 된 거냐? 어디로 가고 있느냐? 멀리 가지 말라고 했잖아? 물에 빠지겠구나!”

라아이쿠는 강의 가운데까지 배를 타고 가서 소리쳤다.

“하하! 나는 라아이쿠예요. 당신들은 이 사실을 짐작조차 못 했죠!”

라아이쿠는 도망쳤다. 노파와 노인은 싸울 일만 남았고 계속 싸웠다.

그렇게 이 청년은 가고 있었다. 얼마를 가다 보니 집들이 있었고 묶인 사슴들이 누워 있었다. 한 집으로 들어가니 여자가 혼자 앉아 있었다. 라아이쿠는 차를 마시기 시작했다.

"여기에 무슨 모임이 있나요? 결혼식이라도 올리나요?"

"아니에요. 우리 왕에게는 외동딸이 있는데 왕이 내는 수수께끼를 알아맞히는 사람만이 그 공주의 신랑이 될 수 있대요."

여자가 말했다.

라아이쿠는 밖으로 나가서 할머니 강의 강변 위에서 풀로 몸을 살짝 덮고 누워 있었다. 그렇게 누워서 보니 물을 뜨러 두 처녀가 오고 있었는데 어깨에 멜대를 메고 두 개의 물통을 나르고 있었다. 청년의 다리에 걸려 부자 처녀가 물을 사방에 엎질렀다.

"이게 다 아버지 때문이야. 시집을 갔으면 물을 길으면서 이렇게 힘들지도 않았을 텐데. 다리만 온통 젖었잖아."

"친구야, 네 아버지는 도대체 무슨 수수께끼를 내는 거야?"

"옛날에 아버지는 일곱 마리 이의 껍질로 짐짝 씌우개를 만들었대. 아마 이것을 맞히라는 것일 거야. 자, 가자. 손님들이 너무 많아서 물을 아무리 길어도 끝이 없고 장작을 아무리 쌓아 놓아도 끝이 없어."

라아이쿠는 돌아가서 그 집으로 들어가 밤을 새웠다. 아침에 일어나 보니 또다시 손님들이 가득했다. 라아이쿠도 왕에게 가기로 결심하고 손님들과 함께 들어갔다. 들어가서 보니 집이 남자들로 가득했다.

왕이 말했다.

"오, 오늘은 새로운 손님이 등장했군. 자, 당신이 내 수수께끼를 알아맞히겠소?"

라아이쿠가 말했다.

"무슨 수수께끼입니까? 만약 이성으로 극복한다면 알아맞혀 볼게요."

"내가 수수께끼를 내겠다. 무엇으로 짐짝 씌우개를 만들었겠느냐?"

왕이 물었다.

"내 생각의 흐름을 가늠할 수 있겠느냐?"

"껍질은 껍질이죠. 내 생각에는 일곱 마리 이의 껍질로 만들었어요."

라아이쿠가 말했다.

"오, 너는 정말 똑똑한 사람이구나! 알아맞히다니! 자, 그렇다면 내 딸과 결혼해야 한다. 내일 결혼식을 치를 수밖에 없구나."

라아이쿠는 부자 왕의 어여쁜 딸과 결혼해서 부유하고 풍요롭게 가난을 모른 채 살았다.

젤레즈나야 샵카와 코스탸노이 포야스

젤레즈나야 샵카와 코스탸노이 포야스[23]라는 두 젊은이가 살고 있었다. 그들에게는 부모님이 계셨다.

어느 날 코스탸노이 포야스는 젤레즈나야 샵카한테 이렇게 말했다.

"친구, 우리는 무슨 능력이 있을까? 우리 서로를 시험하면 안 되겠어?"

아마도 그는 시합을 하고 싶었던 것이다.

하지만 친구는 그러고 싶지 않았다.

"에이, 친구. 우리가 왜 서로를 구분할 필요가 있겠어?"

그러나 친구는 계속 치근거렸다.

"친구, 뭐가 어때서! 네가 무슨 능력이 있는지 알고 싶다고!"

친구는 동의하지 않았다.

코스탸노이 포야스가 말했다.

"내가 도망칠 테니 너는 내 뒤를 쫓아와서 내가 변하면

---

23) 젤레즈나야 샵카는 '철 모자', 코스탸노이 포야스는 '뼈 허리띠'를 뜻한다.

너도 그렇게 변해 봐."

이 말에 젤레즈나야 샵카는 이렇게 말했다.

"그렇게 하지 뭐. 알겠어."

코스탸노이 포야스가 말했다.

"가장 부지런한 사람들이 일어나는 아침에 내 뒤를 쫓아와."

둘은 그렇게 합의를 하고 각자 집으로 갔다. 젤레즈나야 샵카는 잠을 자러 갔다. 잠이 깨서 일어나 '친구는 집에 있을까?' 하고 생각했다.

친구에게 갔다. 코스탸노이 포야스의 침상에 와 보니 그는 이미 나가고 없었다. 친구를 찾아보았지만 흔적도 없었고 감쪽같이 사라졌다. 다시 들어와서 침상을 뒤져 보았다. 코스탸노이 포야스의 침상 밑에 구멍이 쩍 벌어져 있었는데 낯이 뾰족한 생쥐의 굴이 있었고 다른 흔적은 없었다. 코스탸노이 포야스가 그 굴에서 뛰쳐나와서 족제비로 변하더니 도망쳤다. 젤레즈나야 샵카도 곧바로 족제비로 변해서 그의 뒤를 따라갔다. 족제비의 발자국이 없어졌고 중간세계까지는 북극여우의 발자국이 이어져 있었다. 젤레즈나야 샵카는 놀라울 뿐이었다. 젤레즈나야 샵카도 북극여우로 변해서 달려갔다. 코스탸노이 포야스는 북극여우가 되어 달려가다가 이후에는 토끼가 되어 깡충깡충 뛰어갔다. 그러자 젤레즈나야 샵카도 토끼가 되어 뒤쫓았다. 그런 다음 코스탸노이 포야스는 여우로 변했다. 그러자 젤레즈나야 샵카도 여우로 변해서 발자국을 따라 쫓아갔다. 코스탸노이 포야스는 이번에는 몸을 쭉 뻗어 늑대로 변하더니 뛰어갔다.

젤레즈나야 샵카는 달려가면서 감탄하고 있었다. '저런 힘을 감당할 수는 없을 것 같아. 그래서 시합을 하자고 그렇게 치근댔군!' 하고 생각했다. 그도 늑대가 되어 뒤쫓았다. 얼마를 갔는지 알 수가 없었다. 코스탸노이 포야스는 오소리로 변해서 잔걸음으로 달려갔다. 젤레즈나야 샵카는 계속 감탄하면서 오소리로 변해서 뒤쫓아 갔다. 오소리 발자국이 끝나자마자 이번에는 젤레즈나야 샵카가 곰으로 변해서 발을 구르며 계속 갔다. 친구도 곰으로 변해서 젤레즈나야 샵카의 발자국을 따라갔다. 한계에 이를 때까지 계속 달려갔다. 곰의 발자국이 사라지자마자 수사슴의 발자국이 계속 이어졌다. 연달아 감탄을 하면서 그의 친구를 따라서 뒤쫓아 갔다. 젤레즈나야 샵카는 여기서 야생 수사슴이 되었다. 그는 '너의 변신도 곧 한계에 이르겠구나. 이제 따라잡겠군'이라고 생각했다.

젤레즈나야 샵카는 한 곳에 그의 친구가 다리를 쩍 벌리고 서 있는 것을 보았다. 다가가 보니 두 다리만 우두커니

서 있고 몸통은 분리되어 뼈마디와 함께 굴러갔다. 젤레즈나야 샵카도 다리를 남겨 두고 몸통으로 굴러갔다. 얼마 안 굴러가서 앞에서 몸통이 멈춰 커지고 있었다.

"드디어 따라잡았구나!"

그 몸통 쪽으로 가까이 굴러갔다. 그런데 몸통만 남고 머리는 계속해서 굴러갔다.

"어떻게 된 것이지? 왜 자신을 불구로 만드는 거지? 무슨 이런 시합이 다 있는 거야?!"

그는 안타까웠다. 그도 머리가 되어 굴러갔다. 그런데 굴러가다 보니 머리가 누워 있었다.

"마침내 따라잡았구나!"

그런데 이제는 두 개의 눈동자만 굴러갔다.

"이 사람은 도대체 어떻게 된 거야? 아이이이[24]나 아바아시 사람을 뒤쫓고 있는 건가?"

그가 말했다. 두 눈동자가 앞선 눈동자들의 흔적을 쫓아서 굴러갔다.

얼마간의 시간이 흐른 뒤 그 두 눈동자의 흔적은 어느 한 집으로 이어졌다. 눈동자의 흔적들이 한 집으로 인도하는 것이었다.

---

24) 하늘세계나 중간세계에 존재하는 선한 신들을 말한다.

"자, 이제 너의 한계를 보겠구나!"

뒤쫓던 두 눈동자가 집으로 들어갔다. 들어가 보니 중간 의자에 한 노파가 앉아 있었고 눈들은 앞 의자에서 번뜩이고 있었다. 두 눈동자가 굴러 들어오자 먼저 온 두 눈동자가 말했다.

"오, 뒤쫓아 온 이도 피곤하겠군. 너는 쉬어라. 나는 우리의 몸통과 머리들을 모아서 가져오마."

코스탸노이 포야스의 친구, 젤레즈나야 샵카는 이 말에 이렇게 말했다.

"너 제정신이냐? 우리는 되돌아갈 수 없는 땅에 도달했어! 알아채 봐라. 우리는 눈보라의 영혼의 나라에 도착했어. 가장 부지런한 사람들이 일어나는 이른 아침에 나는 나가겠어. 이때 두 처녀가 수많은 썰매와 함께 각각 열을 지어 올 거야. 내가 뛰어나가서 첫 번째 처녀의 제일 앞에 선 사슴의 목에 달라붙어서 날아오르면 너는 수많은 썰매 중 하나에 매달려서 고향에 도달할 수 있을 거야. 만약 매달리지 못하게 되면 이 지방에서 죽고 마는 거야!"

그의 친구 코스탸노이 포야스는 몸통, 다리, 머리를 가져왔다. 그들은 다시 사람이 되었다.

그들은 밤을 보냈다. 코스탸노이 포야스는 친구가 나갔을 때 부스럭거리는 소리에 잠이 깼다. 그는 밖으로 뛰어나갔고 수많은 썰매가 옆에 나타났을 때 마지막 썰매를 겨우 붙잡아 매달릴 수 있었다. 그는 하늘인지 땅인지도 분간을 못 하고 달렸다. 결국 아주 늦은 밤, 수많은 썰매가 멈추었을 때 정신을 차리고 보니 친구가 그를 고향에 데려온 것을 알 수 있었다.

그러자 젤레즈나야 샵카가 친구에게 말했다.

"한 지방에서는 썰매 백 대가 세 마리의 암컷 흰 사슴에 묶여 있었고 다른 지방에서는 세 마리의 암컷 흑 사슴이 서 있었어. 내가 흰 사슴 세 마리를 잡아서 가죽을 벗길 테니 너는 흑 사슴 세 마리를 잡아서 가죽을 벗겨. 알아 둘 것은 내 마법으로 여기에 눈보라 영혼의 작은딸을 데려왔다는 사실이야. 그 처녀의 흔적을 따라 이곳으로 그녀의 세 오빠, 눈보라 영혼들이 곧 도착할 거야. 그 사람들이 도착하면 앞 의자에 흰 사슴 가죽 세 장을 깔고 너는 흑 사슴 가죽 세 장을 깔아. 너는 물을 솥에 가득 끓이고, 나도 끓일 거야. 나한테 먼저 손님들이 찾아올 거야. 내 집에서 배부르고 만족해서 나간다면 네 집에서는 잠시 머무를 거야. 내가 그들에게 무엇인가를 보여 줄 것이니 너는 그들과 함께 들러서 봐. 내가 무엇을 보여 주든지 너도 네 집에서 그들에게 보여 주어!"

친구에게 그렇게 일러두었다.

얼마의 시간이 흘렀고 눈보라의 영혼들, 꽁꽁 언 얼음으로 된 사람들이 회오리의 모습으로 날아왔다. 그들은 들어와서 '안녕하세요'라는 말조차 하지 않았다. 젤레즈나야 샵카의 집에서 세 장의 흰 사슴 가죽 위에 앉았다. 젤레즈나야 샵카는 이 사람들에게 자신의 술법을 보여 주어야만 했다. 뼈 부리가 달린 검은 물새로 변해서 '아아우' 하는 소리를 내며 끓는 물이 담긴 큰 솥으로 잠수했고 잠수했다가 날아올라서 어머니의 배 속으로 들어갔다가 거기서 어머니의 입을 통해 나와 날아올랐다. 그런 다음 아버지의 배 속으로 날쌔게 날아들었고 아버지의 입을 통해 나와서 방금 간 뿔을 가진 가을 수사슴이 되어 뛰어나왔다. 그러고는 젤레즈나야 샵카는 다시 사람이 되어 수사슴 속에서 나오더니 이 가을 수사슴을 관통하는 활을 쏘아 뚫어 버렸다. 수사슴을 잡아서 곧바로 가죽을 벗겼고 날고기를 잘라 나무 그릇에 놓고 손님들에게 신선한 고기를 대접하기 시작했다.

손님들은 아무 말 없이 음식을 먹기 시작했다. 가을 수사슴한테서는 뿔과 발굽만 남았다. 코스탸노이 포야스는 앉아서 보고 있었다. 음식을 다 먹은 후에 입술을 닦고 집을 나갔다.

코스탸노이 포야스는 손님들을 맞이하러 나갔다. 손님들은 그의 집에 들어와서 세 장의 흑 사슴 가죽 위에 앉았다.

코스탸노이 포야스는 뼈 부리가 달린 작은 검은 물새로 변해서 '아우크!'하는 소리를 내며 물이 든 솥으로 잠수했고 어머니의 배 속으로 들어갔다가 어머니의 입을 통해 나와 날아올랐다가 아버지의 배 속으로 날쌔게 들어갔다. 아버지의 입을 통해 피골이 상접한 허약한 사슴이 뛰쳐나왔다. 그 뒤를 따라 활을 든 사람이 나왔고 그는 손님들 앞에서 사슴을 죽여서 가죽을 벗기고 고기를 다듬기 시작했다. 이를 손님들에게 차려 놓았다. 상을 차렸지만 어디로 모든 것이 사라졌는지 알 수가 없었다. 눈보라의 영혼들은 화가 나서 코스탸노이 포야스를 그의 부모와 함께 그 집을 통째로 회오리로 감싸서 데려가 버렸다.

젤레즈나야 샵카만 부모와 남게 되었다. 젤레즈나야 샵카는 눈보라 영혼의 딸을 아내로 맞아 부유하고 풍요롭게 살았다고 한다.

행복한 날, 불행한 날

한 상인이 살았다. 그에게는 외동딸이 있었다. 이웃에는 한 가난뱅이 농부가 살았고 그에게는 외동아들이 있었다. 어느 날 상인에게 두 명의 부자가 손님으로 찾아왔다. 농부 노인도 손님으로 갔다. 그들은 오랫동안 상인과 우애 있게 지내던 이들이었다. 그가 손님으로 갔을 때 상인이 말했다.

"당신에게는 아들이 있고 내게는 딸이 있소. 무엇하러 다른 곳에 딸을 시집보내겠소? 우리 자식들을 결혼시킵시다."

두 부자는 이 대화를 듣고 바로 이렇게 적었다.

"가난뱅이와 상인이 자기 자식들을 결혼시키려고 한다."

손님들이 떠났다. 결혼할 시기가 다가왔다. 소년은 청년이 되었고 소녀는 처녀가 되었다. 가난뱅이는 다시 손님으로 갔다. 전에 손님으로 왔던 부자들도 거기에 있었다.

"예전에 우리 약속을 기억하시지요?"

가난뱅이가 부자 상인에게 이렇게 말했다. 가난뱅이는 그의 딸을 자신의 아들에게 시집보내라고 요청했다. 예전에 부자가 아이들이 어렸을 때 결혼시키자고 약속하지 않았느냐고. 그 약속을 기억하고 가난뱅이는 손님으로 왔다고 말했다.

부자 상인이 말했다.

“자, 내가 어떻게 약속을 어기겠소? 사흘 후에 결혼식을 올립시다. 사람들에게 초대장을 전해 주시오. 원하는 사람은 오고 원치 않는 사람은 오지 말라고.”

사흘 후가 되었다. 북쪽과 남쪽에서 사람들이 몰려왔다. 그들은 결혼식을 올릴 준비를 했다.

“노인장, 아들을 데려오시오.”

노인의 아들이 도착했다. 가난뱅이 아들의 옷이 어떻겠는가? 겉모습은 꾀죄죄하지만 뼈대는 건장하고 머리는 똑똑한 사람이었다. 신랑을 보라고 처녀를 데려왔다. 처녀는 그를 보더니 이렇게 말했다.

“볼 필요도 없어요. 왜 저 사람한테 시집을 가야 하죠? 무엇이 불행한 날이고 무엇이 행복한 날인지 알 수가 없어요. 행복한 날, 불행한 날이 무슨 뜻일까요? 우리는 이것을 알지 못해요. 불행한 날이 무엇이고 행복한 날이 도대체 무엇인가요?”

다른 사람들도 갑론을박했다. 이것이 무엇인지 아무도 몰랐다. 그러자 청년은 부끄러워졌다. 가난뱅이 아들은 저쪽으로 나가 버렸다.

옛날에 두 용사가 살았는데 그들이 사용한 배는 땅속으

로 파묻혀서 지금은 뱃머리와 선미만 보일 뿐이었다. 가난뱅이 아들은 큰 낫을 들고 배를 잡아 뺐다. 물에 띄웠더니 그 배는 강철 노가 있는 강철 배였다. 가난뱅이의 아버지, 즉 청년의 할아버지 노인이 살아 있었는데 그가 와서 손자의 배를 젓기 시작했다. 그는 강을 따라 위쪽으로 배를 몰고 갔다.

우리의 이야기는 이제 남겨진 사람들에게로 돌아가 보자.

"주연을 왜 취소하겠소? 나가서 가난뱅이의 아들을 찾아보시오."

부자 상인이 보낸 사람들이 그를 찾으러 나갔다. 그러나 아무것도 없었고 저 멀리서 태양에 노가 번쩍이는 것만이 보였다. 이제 우리 이야기는 떠나가는 사람들에게로 다시 가 보자.

그들이 끝도 없는 도시에 닿았을 때 태양은 아직 지지 않았다. 노인은 배에 앉아 있었고 손자는 강변으로 나갔다.

"타지 사람이 왔습니다."

보초들이 왕에게 보고했다.

청년이 들어갔다.

"어느 쪽에서 온 어떤 사람이냐?"

"타지에서 왔습니다."

"어느 나라로 가는 길이냐?"

"불행한 날은 무엇이고 행복한 날은 무엇인지 알기 위해 가는 중입니다."

태양의 왕이 말했다.

"나중에 이야기해라. 내게는 부싯돌과 같은 외동딸이 있다. 만약 그 딸이 집에서 병 때문에 죽었다면, 나는 예전처럼 살 수 있었을 텐데. 딸 옆에는 새와 비슷한 나의 유일한 병사가 있다. 내 자식이 내 병사와 땅속으로 사라졌는지 새가 되어 날아갔는지 알 수가 없어서 이렇게 앉아서 울고 있다. 행복한 날과 불행한 날을 찾으면 딸에 대해 물어봐 달라. 만약 내 딸과 병사를 찾아 데려오거나 그들에 대한 소식을 듣는다면 너를 위해 아무것도 아까워하지 않겠다."

청년이 대답했다.

"좋습니다. 물어보죠."

가난뱅이의 아들은 음식과 옷을 싣고 계속 갔다. 바로 그날 아직 해가 지지 않았을 때 그는 다음 도시에 도착했다. 전처럼 노인은 배에 남았다. 청년만 강변으로 올라갔다.

"타지 사람이 왔습니다."

사람들이 이렇게 말하고 그의 손을 잡고 데려갔다. 왕궁으로 들어가서 손을 잡고 인사를 했다.

"어느 나라에서 온 누구요?"

"낯선 나라에서 왔습니다. 세상을 돌아다니고 있죠. 불행한 날과 행복한 날을 아십니까?"

"아직까지도 모르네. 불행한 날과 행복한 날을 발견하게 되면 좀 물어봐 주게."

왕이 말했다.

"딸이 불 속으로 떨어진 후부터 큰 상처를 입고 나아지지도 않고 죽지도 않고 있다네. 누가 주문을 걸었는지 알지 못한 채 살아가고 있다네. 단번에 죽으면 차라리 좋을 텐데. 하루하루 눈물로 보내고 있네. 예전처럼 살고 싶네. 여위어 고통받고 있어. 만약 불행한 날과 행복한 날을 찾는다면 이것에 대해 물어봐 주게."

"좋습니다. 물어보죠."

"만약 물어봐서 어떻게 고칠 수 있는지 알게 된다면 아무것도 아까워하지 않겠네."

청년은 먹고 마시고 나서 떠날 시간이 되자 짐을 챙겨서 계속해서 갔다. 그날 해가 지기도 전에 세 번째 도시에 도착해서 강변에 정박했다. 전처럼 노인은 배에 앉아 있었다. 청년은 다시 강변으로 올라갔다.

"타지 사람이 왔습니다."

이렇게 말하고 사람들이 그의 손을 잡고 데려갔다.

왕궁으로 들어가서 손을 잡고 인사를 나눴다.

"어느 나라에서 왔으며 누구인가요?"

"낯선 나라에서 왔습니다. 세상을 돌아다니고 있죠. 불행한 날과 행복한 날을 찾으러 다니고 있는데 알고 계신지요?"

"지금까지 나는 아무것도 모른다오. 내가 심은 곡식 줄기가 정오가 되면 연달아서 돌로 변해 버린다오. 알고 있는 모든 방법을 다 써 보았지요. 행복한 날과 불행한 날을 찾거든 물어보시오. 왜 내 곡식 줄기가 돌로 변해 버리는 것인지. 내 백성이 굶주려 죽어 가고 있다오."

"좋습니다. 물어보죠."

청년이 말했다.

가난뱅이의 아들은 먹고 마신 후에 떠날 시간이 되자 다시 길을 떠났다. 강에서 이어진 바다가 끝나는 곳, 마치 대야의 가장자리처럼 둥글고 커다란 바윗돌의 꼭대기에는 빙빙 돌고 있는 돌이, 돌로 된 꽉 막힌 구멍에서 위로 솟아 있었다. 돌고 있는 그 돌은 어찌나 높이 있는지 겨우 맨 꼭대기를 쳐다나 볼 수 있는 정도였다. 전혀 움직이지 않는 돌에서 그 돌은 자라나 있었다. 가난뱅이의 아들은 한 손에 밧줄을 잡고 한 손에는 쇠몽둥이를 잡았다. 그는 팔꿈치를 의지해서 바윗돌 위로 기어 올라갔다. 힘이 빠지면 그는 쇠몽둥이를 돌에 박고 그 위에 서서 쉰 다음에 계속 위로 기어 올라갔다. 그렇게 계속하면서 맨 꼭대기까지 올라갔다.

그런데 그곳에서 "팡팡" 하는 총소리가 났다. 발사 때 나온 연기 때문에 아무것도 보이지 않았다. 청년은 총을 쏜 쪽으로 갔다. 가서 보니 한 사람이 총을 쏘고 있었다.

청년이 말했다.

"안녕하세요."

"네. 어디로 가십니까?"

"행복한 날과 불행한 날을 찾으러 가고 있습니다."

"행복한 날과 불행한 날을 찾게 되면 내가 왜 이런 일을 하게 되었고 언제나 벗어날 수 있을지 물어봐 주시오."

"네, 알겠습니다. 물어보죠."

청년이 말했다.

가난뱅이의 아들은 혼자서 이 세상을 돌아다녔다. 얼마를 가다 보니 이리저리 돌고 있는 집이 보였다. 철 그루터기 위에서 그 철 집은 계속 돌고 있었다. 문을 열고 들어갔다. 거기에는 두 눈에서 눈물이 날 정도로 아름다운 젊은 여자가 앉아 있었다. 청년은 손을 잡고 인사를 하고 앉았다. 대접을 받은 후 음식을 다 먹었을 때 젊은 여자가 이렇게 말했다.

"우리처럼 괴로워하는 불행한 사람이 온 것인가요? 어디서 오셨나요?"

"저는 불행한 날과 행복한 날을 찾고 있습니다."

이 말에 젊은 여자가 말했다.

"나를 이 나라로 데려와서 함께 살던 남편은 욕쇼큐 새였습니다. 욕쇼큐 새는 아이이이 종족 출신이 아닙니다. 그는 마음에 들지 않는 사람을 잡아먹는 새랍니다."

가난뱅이의 아들은 이 여자에게 말했다.

"만약 내 말을 듣는다면 우리는 살 수 있을 겁니다. 저를 숨겨 주세요."

"제가 어떻게 사람을 숨기겠어요?"

"이불 속에 숨겨 주시오."

이불을 펴서 돌돌 만 다음 그를 싸맸다. 그녀는 이불로 싸맨 그를 그렇게 앉히고 그가 안에서 웅크리고 앉을 수 있도록 다시 싸맸다.

가난뱅이의 아들은 처녀에게 말했다.

"욕쇼큐가 '무슨 냄새지?' 하고 말할 거예요. 그러면 당신은 '내가 머리를 빗을 때 머리빗 빗살에 머리카락이 끼었어요. 그래서 머리빗에 끼어 있던 머리카락을 아궁이에 던졌어요. 그 냄새가 난 것인가 봐요. 머리카락 탄 냄새도 구별을 못 하다니 벌써 나이 먹은 거예요? 새도 날아오다가 날개뼈가 물로 변하게 되는 그렇게 먼 나라에 누가 올 수 있겠어요?'라고 말하시오. 그러면 욕쇼큐 새가 이렇게 말할 것이오. '사람의 피를 가진 사람은 이 나라까지 올 수가 없지. 내가 괜히 의심을 했군. 아침에 일어나면 멀리 날아가 봐야겠어. 오늘은 아무것도 잡지 못했어'라고 말할 것이오. 그렇게 날아서 사람들을 죽이고 그 사람들을 먹이로 삼겠지요. 그럼 그 말에 이렇게 대꾸하세요. '밖에 다니는 것을 자랑하지 마세요. 밤새 귀신들이 저를 괴롭혀요. 그래서 저는 당신이 일찍 잠드는 것이 싫어요.' 그리고 옷을 입은 채로 욕쇼큐의 침상으로 가시오."

이렇게 손님은 처녀에게 일러두었다. 그리고 청년은 또 이렇게 말했다.

"그가 막 잠들어서 코를 골기 시작하면 가슴을 때리고 그의 가슴을 두드리세요. 그러면 그가 '에이, 무슨 꿈을 꾸기라도 한 거요?' 하고 말할 것이오. 그러면 당신은 '한 사람이 행복한 날도, 불행한 날도 찾지 못했다면서 울고 있어요'라고 말하시오. 만약 그가 이것을 안다면 이야기를 해 줄 것이오. 이야기를 시작하면 나는 귀담아 들을 것이오."

욕쇼큐가 와서 청년이 이야기한 대로 '사람 냄새'에 대해 물었지만 처녀는 청년이 알려 준 대로 대답했고, 욕쇼큐 새는 먹을 것을 먹고 잠자리에 들었다.

그리고 욕쇼큐는 잠이 들어 코를 골기 시작했다. 처녀가 가슴을 때리면서 잠이 깨자 욕쇼큐가 일어나서 물었다.

"에이, 또 무슨 꿈을 꾼 거요?'

여자가 말했다.

"믿을 수가 없어요. 어떤 사람이 '하나밖에 없는 새 같은 내 병사가 어디로 갔는지, 부싯돌 같은 내 외동딸이 어디로 갔는지 알 수가 없구나' 하면서 또 울기 시작해요. 지금까지 계속 울고 있어서 너무 괴로워요. 그들을 부모님께 데려갔으면 좋겠어요."

그러자 욕쇼큐가 말했다.

"이제 주무시오. 당신은 정말 멀리 있는 것도 듣는구료."

조금 지난 후에 또다시 욕쇼큐가 코를 골며 잠이 들었다.

그러자 여자가 다시 가슴을 때렸다.

욕쇼큐가 물었다.

"또 무슨 꿈을 꾼 거요?"

여자가 말했다.

"아까 그 사람과 비슷한 사람이 또 울기 시작해요. '내게는 부싯돌같이 소중한 외동딸이 있는데 불에 데어서 아프다오. 상처가 영원히 아물지 않는다오. 이 고통은 도대체 무엇이란 말이오'라고 말하면서 계속 울어요. 만약 이것을 안다면 무슨 말이라도 해 줄 텐데요."

그러자 그가 말했다.

"그만 주무시오."

욕쇼큐가 코를 또 골기 시작하면서 잠이 들었다. 그러자 여자가 또 가슴을 쳤다.

욕쇼큐가 물었다.

"에이, 무슨 꿈을 꾼 것이오?"

여자가 대답했다.

"그 사람과 아주 비슷한 사람이 또 울기 시작해요. '곡식이 자라는 대가 단단한 돌로 변한다오. 너무 배가 고파서 우리는 서로를 잡아먹을 지경이오'라고 울고 있어요."

욕쇼큐가 이렇게 말했다.

"그것은 단단한 돌로 변하도록 내가 마법을 건 것이오. 곡식이 자라는 그 장소에서 해가 비치는 쪽에 테가 둘러진 철 그루터기가 있다오. 힘을 합쳐서 그 그루터기를 뽑으시오. 그루터기가 다 뽑힌다면 문제가 해결될 것이고 그루터기가 뽑히면 곡식은 예전처럼 자라게 될 것이오. 주무시오. 자란 말이오!"

그러자 여자가 이렇게 말했다.

"한 사람이 '이런 일을 할 운명이라니! 차라리 내 뼛골이 삭아 닳아 없어진다면 내가 죽을 때가 더 가까워질텐데…' 하면서 계속 울어요."

욕쇼큐가 이 말에 이렇게 말했다.

"내가 말하지 않았소. 거기에 아홉 개의 돌기가 있는데 열 번째 것은 빈 것이오. 뿔 받침대가 달린 뼈를 거기에 꽂아야만 하오. 그러면 한 사람이 그에게 다가올 것이오. 그 사람이 그자를 밀치든지, 그를 때리든지 하면 온 힘을 다해 그를 물리쳐야 하오. 그러면 그 총에서 벗어나게 될 것이오. 그리고 '내 대신에 내 일을 해라. 열 번째 돌기가 지탱하고 있는 한 중단해서는 안 된다'라는 말을 하고 떠나면 되오. 그렇게 말하고 총을 던지면 그의 손에서 총이 떨어져 나갈 것이오. 그를 밀치거나 때린 사람이 그 총을 들어 올릴 것이고 그 총을 쥔 사람은 영원히 그것에 달라붙어 버릴 것이오. 자, 이제 어서 주무시오. 이런 벌써 날이 밝아 오고 있는 거요? 잠도 못 자게 했구려."

욕쇼큐는 여자에게 말했다.

"어서 일어나서 먹을 것을 가져오시오. 먹고 떠나야겠소."

욕쇼큐는 철갑옷을 입고 비상용 새 날개를 붙이고 유연하게 날아갔다. 날개 소리가 조용해지자 청년이 여자에게 말했다.

"나를 풀어 주시오. 벌써 일어날 시간이오. 이제 우리는 살았소. 만약 욕쇼큐가 뒤쫓아 와서 우리를 공격하고 죽이지 않는다면 우리는 사람으로 살아갈 것이오."

그들은 음식을 먹기 시작했다. 다 먹자 청년이 말했다.

"우리에게 재산과 보물이 무슨 필요가 있겠소. 그냥 다 놓아두고 잘 때 춥지 않게 이불, 베개, 깔개만 가지고 갑시다."

그렇게 청년과 여자는 출발했다. 두 사람은 총을 쏘는 사람에게 다가갔다. 그 사람이 물었다.

"불행한 날, 행복한 날은 찾았습니까?"

"네, 찾았습니다."

"나에 대해 물어보았습니까?"

"네, 물어보았습니다. 날아온 욕쇼큐에게 그가 아무리 소리치더라도 의식이 있는 동안에는 아무 말도 하지 마시오. '왜 나를 외면하고 있는 거냐? 왜 나를 못 본 척하는 거냐? 이제 나는 너를 때려 다리를 떼어 놓겠다'라고 말할 것이오. 그러면 '내 대신 일을 해라. 영원히 중단하지 말고 네 뼛골이 삭을 때까지 해서 힘없이 죽어라'라고 말하고 당신이 총을 던지면 그가 '악' 하고 소리를 지르며 받아 들 것이오. 그러면 당신은 그곳을 벗어나서 우리 흔적을 따라가시오. 그렇게 가다 보면 밧줄을 발견하게 될 것이오. 그 밧줄을 타고 내려가시오. 그렇게 우리 배까지 내려오면 되오."

"가난뱅이의 아들이여, 정말 사실이 그렇다면 남아 있겠소."

그는 이렇게 말하고 울면서 남았다.

그러자 정말로 욕쇼큐가 날아와서 소리치기 시작했다! 욕쇼큐는 의식을 찢듯이 소리를 쳤지만 그는 거의 의식이 없이 쓰러지면서도 아무 말도 하지 않았다.

"나를 모른 척 외면하는 것이냐?"

욕쇼큐가 화가 나서 이렇게 말했다.

"죽을 때까지 때려 줄 테다!"

이때 병사가 말했다.

"아홉 개의 돌기가 있고, 열 번째 돌기는 빈 것인데, 때리자마자 내 대신에 끊임없이 일을 하게 될 것이고, 마법을 쓰거나 대지의 주인 수호자를 가졌더라도 벗어날 수 없을 것이다. 그렇게 벗어나지 못한 채 힘없이 뼛골이 삭아 죽어라. 자, 던진다. 내 손에서 총아 떨어져라!"

그렇게 그는 완전히 해방되어 벌렁 자빠졌고 욕쇼큐는 소리를 지르며 총을 집어 들었다. 병사처럼 위를 보면서 혼자 남아 총을 쏘기 시작했다.

병사는 친구들의 흔적을 쫓아갔다. 땅에 박힌 집이 쑥 솟아 있었다. 그 집에 밧줄이 묶여 있었다. 계속되는 돌산을 따라 밑으로 내려갔다. 밧줄을 잡고 그것을 타고 미끄러져 갔다. 그렇게 내려가다가 배로 떨어졌다. 밧줄을 밑으로 동여매면서 움직여 갔다.

그들은 왕에게 도착했다. 예전처럼 그는 딸과 함께 둘이

서 살고 있었다. 그에게 처녀와 함께 한 청년이 손님으로 갔다. 왕에게 들어가서 손을 잡고 인사를 했다.

"불행한 날, 행복한 날은 만났소?"

"만났습니다."

"내 곡식의 대에 대해서는 물어보았소?"

"물어보았습니다. 알아냈습니다. 나가자마자 알려 드리지요."

나가서 비밀을 알려 주었다. 곡식은 보통 때처럼 풍성하게 자라기 시작했다.

"나를 구해 주었구려. 어떻게 무엇으로 갚으면 좋겠소? 내게는 배가 한 척 있는데 땅에 정박해 있다오. 물을 항해하듯이 그 땅을 가다 보면 물로 가게 될 것이오. 그 물에서 땅에서보다 더 잘 가게 될 것이오."

배를 타고 출발했다. 이웃 왕에게 도착했다. 그리고 강변으로 나가서 청년이 내렸다. 청년은 왕궁에 들어가서 손을 잡고 인사를 했다.

"불행한 날을 찾았소? 행복한 날은 만났소?"

"찾았습니다."

"내 자식에 대해서는 물어보았소?"

"어떻게 치료하는지 물어보았습니다. 해가 뜨는 방향으로 계속 걸어가세요. 하루 정도 가다 보면 언덕이 두 개 있을 거예요. 이 두 언덕의 양쪽에 두 개의 호수가 있습니다. 화상을 입은 아이를 거기로 데려가시오. 그러면 아이가 멀쩡해져서 돌아오게 될 것입니다."

"내 딸아이가 가면 나도 따라갈 테니, 말을 매서 썰매에 아이를 태워라. 자, 출발하자!"

그렇게 그들은 출발했다. 두 개의 언덕이 있는 곳에 도착했다. 한 언덕 옆에 호수가 있었다. 정박을 하고 모닥불을 피우는 동안 청년은 그곳을 살펴보려고 나갔다. 그렇게 둘러보며 다니고 있는데 꺾인 나무에서 회색 족제비가 뛰어나왔다. 그 족제비를 잡았다. 발을 부러뜨리고 허리를 부러뜨린 후에 물에 던졌다. 족제비는 세 부분으로 조각이 나서 죽었다. 모닥불을 놓아두고 두 번째 언덕으로 갔다. 거기에도 호수가 있었다. 죽은 족제비의 몸통을 모아서 가지고 갔다. 호수에 도착해서 몸통을 물에 버렸다. 그랬더니 족제비가 살아나서 헤엄을 쳤다. 처녀를 데려와서 물에 눕혔다. 물을 떠서 얼굴을 씻었더니 바로 눈앞에서 그녀의 모든 것이 재생되었고 화상으로 인한 상처도 남지 않았다. 더할 나위 없이 아름다운 여인이 되었다. 눈을 뗄 수 없이 아름다운 처녀가 두 눈에서 눈물을 흘렸다. 마치 다시 태어난 것 같았고 그녀의 아버지는 천국에라도 이른 듯이 기뻐서 뛰었다. 그들은 집으로 갔다.

왕은 청년에게 이렇게 말했다.

"내 딸을 데려가시오."

그는 딸을 보내면서 지참금, 음식, 옷가지, 하인들, 배 등을 나눠주었다.

가난뱅이 아들은 사흘째에 배 두 척을 타고 출발했다. 그리고 다음 왕에게 도착했다. 왕궁으로 들어갔다.

"불행한 날, 행복한 날을 찾으러 떠나지 않았는가? 찾았는가?"

"찾았습니다."

"그럼 내 불행도 찾았는가? 그들에 대한 소식이라도 들었는가? 무엇이라도 알아냈는가?"

"예, 알아냈습니다. 듣고 보았습니다. 저 배로 가서 들어가 보십시오. 거기에 내 식모가 있습니다. 그녀한테 물어보십시오. 말해 줄 것입니다."

태양 왕은 배로 들어갔다. 식모를 보니 바로 자신의 잃어버린 딸이었다. 딸을 병사와 함께 집으로 데려갔다.

청년이 말했다.

"자, 두 사람 중에서 누구를 데려갈 것이오?"

"모르겠소."

왕이 말했다.

이 말에 왕이 직접 말했다.

"만약 준다면 내 병사를 데려가겠소. 딸은 쏜 화살이고 다른 종족 사람을 위한 사람이란 속담이 있소."

그렇게 해서 두 처녀와 함께 청년은 자기 고향집으로 떠났다. 그들은 고향집에 도착했다.

그가 도착할 즈음에 부자 상인은 강변까지 비단 천을 깔라고 명령했다. 하지만 가난뱅이의 집에서 작은 배로 출발했던 청년은 두 처녀와 함께 기선을 타고 도착했다. 그리고 도착한 다음 날까지 소식이 없었다. 그다음 날 작은 새 한 마리가 날아왔다. 그 새는 말을 할 줄 알았다. 새가 말을 하기 시작하자 모두가 쳐다보았다. 새를 보니 목에 편지가 묶여 있었다. 편지를 풀어서 가져갔다. 사람들이 편지를 읽었다. 편지에는 다음과 같이 쓰여 있었다.

"함께 모인 세 왕이 이렇게 조언을 했습니다. 그들은 합의를 해서 도시를 세우려고 한곳에 벽을 세웠습니다. 너무나 광대한 땅을 벽으로 둘러쳤습니다. 거기에 도시를 세우기 시작했습니다. 세 왕은 이 일을 위해 국고에서 돈을 모두 함께 모았습니다. 외벽은 금으로 칠했습니다. 도시의 안은 은으로 칠하고 당신을 초대했습니다. '우리가 아직 살아 있는 한 가난뱅이는 우리 가까이에서 살게 될 것입니다'라고 말한 후에 '가난뱅이의 아들을 불러 주시오'라고 했습니다."

그 말에 청년은 말했다.

"가겠습니다."

새는 날아갔다. 새는 '상인에게 가라'는 편지를 전달했다.

새는 상인에게 가서 편지를 탁자에 놓았다. 상인이 편지를 들어 읽었다.

"불행한 날에 사람은 죽어 가고 행복한 날에 사람은 태어납니다. 이것을 나는 발견했습니다. 당신의 딸에게 전해 주시오. '불행한 날, 행복한 날을 나는 찾았습니다.' 그래서 나는 그녀를 취하지 않겠습니다. 그녀를 쳐다보고 싶지도 않습니다. 어떻게 하면 좋겠습니까? 부유하게 옷을 입은 사람이 그녀에게 더 좋은 사람이겠죠. 가난하게 옷을 입으면, 좋은 사람이라 할지라도 나쁜 사람이기에 가난한 사람은 그녀에겐 나쁜 사람입니다. 부에 대한 생각은 그녀가 떨쳐 버리지 않을 것입니다. 많은 사람들이 아름다운 처녀를 원하기에 그녀는 많은 젊은이들을 파멸시킬 것입니다. 나는 그들 중에서 가장 훌륭한 사람이기에 죽지 않았습니다. 맹인도 파멸하지 않을 것입니다. 스스로한테 물어보라고 하세요. 그녀가 아무도 죽이지 않은 오늘이라도 자신이 스스로 죽는 것이 낫다고요. 어려운 과제를 이제는 내지 말고 사람도 죽이지 말라고. 이곳에 더 이상 사람들이 살지 않을 것입니다. 불로 완전히 태워 버릴 것입니다. 아니면 많은 사람들이 죽어 갈 것입니다."

상인이 말했다.

"내 딸이 태양이 비치는 땅에서 살지 않으려고 가장 나쁜 일을 저지른 꼴이 되었구나."

상인은 다음 날 아침 자신의 딸을 교수대에 매달았고 교수대에 그녀의 초상화를 붙였다.

청년은 큰 기선을 타고 강을 따라 되돌아 올라갔다. 도착해 보니 그의 집은 다 완성되었고 도시가 세워져 있었다. 집으로 짐을 끌고 갔다. 그리고 결혼을 했다. 이때까지 그는 공주를 자신의 딸처럼 보살피고 있었다. 가난뱅이 아들은 공주를 왕의 아들인 자신의 처남에게 시집보냈다. 그리고 결국은 모두가 친척이 되어 부유하게 잘 살았다.

노인과 노파

노인과 노파가 살고 있었다고 한다. 그들에게는 자식이 없었다. 천막에 앉아 있었는데 불꽃만 벌겋게 타오르고 있었을 정도로 가난했다. 밖으로 나가 보니 눈이 하얗게 빛나고 있었다. 그들에게는 아무것도 없었다. 단 하나의 재산은 말 한 마리였다. 사냥 장비로는 추가 세 개 달린 그물이 있었다. 그물에 짐승이 걸리면 그 짐승을 먹고 남은 걸 장대에 꽂아 두었다. 그렇게 노인과 노파는 죽어 가고 있었다.

그러다가 노인이 노파에게 말했다.

"여보, 할멈. 우리의 유일한 재산인 말이 우리를 살리고 우린 생을 이어 갈 수 있소. 그 말을 잡아먹읍시다. 어차피 우리가 굶어 죽으면 말만 남는 것이 무슨 소용이겠소."

이 말에 노파가 말했다.

"알아서 결정하세요. 당신이 잡으면 같이 먹읍시다."

남편이 나가서 말을 죽였다. 노인은 가죽을 벗겼다. 날씨가 너무 춥고 눈보라가 쳤기에 노인은 들어와서 노파에게 말했다.

"말고기를 남김없이 모조리 끌고 들어와서 우리 천막의 지붕까지 채우시오."

노파가 고기를 모조리 끌고 들어왔다.

노파가 손을 녹이려고 할 때 노인이 말했다.

"먹고 싶으면 모든 식기와 양동이에 물을 길어 오시오. 그 후에 먹읍시다."

그러자 노파는 밖으로 나가서 모든 식기에 물을 길었다. 마지막 솥을 가지고 왔을 때 문이 잠겨 있었다.

노파가 말했다.

"여보, 영감. 문을 열어 주오. 얼어 죽겠소."

노인이 말했다.

"망할 노파. 눈에 묻혀 버려라."

노파는 그 솥을 던져 버렸다. 노파의 몸이 꽁꽁 얼었다. 노파는 바라크로 겨우 기어 올라가서 손을 따뜻한 연기에 녹이기 시작했다. 그리고 남편을 보았다. 노인은 말의 궁둥이를 움켜쥐고 앉아서 발을 쫙 벌리고 내장 기름을 손질하고 있었다. 그리고 온기 쪽으로 뻗은 노파의 손을 장대로 찌르기 시작했다. 노파는 땅에 내려와서 울부짖으며 장작 패는 곳으로 갔다.

작은 나무 아래에 누웠는데 추위 때문에 심장까지 떨렸다. 그렇게 누워 있는데 시끄러운 소리가 들렸다. 사슴 떼를 모는 소리 같기도 하고 다른 소리 같기도 했다. 노파가 그 쪽으로 갔다. 그런데 이렇게 신기할 수가! 숨이 뿜어내는 질은 안개로 달을 가리면서, 숨이 뿜어내는 안개로 해를 가리면서 사슴 떼가 오고 있는 것이 아닌가. 사슴 떼를 하도 헤치면서 지나다녀서 노파의 두 옷자락이 다 닳아 버렸다. 그러다 낮은 땅에 천막들이 가득 세워져 있는 것이 보였다. 대거주지가 있었고 그 옆에는 수십 개의 작은 유목림들이 펼쳐져 있었다. 대상(隊商)들이 연결된 썰매가 서 있었다. 죽이 담긴 솥들이 불 위에서 끓고 있었고 갖가지 음식이 준비되어 있었고 어디에나 돌침대가 있는 잘 꾸며진 천막이 서 있었다. 노파는 천막으로 들어가서 한 번도 먹어 본 적이 없는 음식을 먹고 한 번도 맛본 적이 없는 음식을 맛보았다. 러시아 음식도 많았고 돌간족 음식도 많았다. 노파는 세수를 하고 머리를 빗고 담비 모피 옷을 입었다.

이렇게 하는 동안 한 사람도 나타나지 않았다. 노파가 도착한 이래 사흘 동안 아무도 나타나지 않았다. 다만 밤이 되면 연통을 통해서 낡은 사람 해골만이 떨어졌다. 그러면 그것들을 "쪼개져서 죽어 버려라!" 하는 말과 함께 발로 밟았고 그 해골들은 땅속으로 사라졌다. 노파는 수십 년을 그렇게 살았다. 사슴들은 아무 데도 가지 않았고 말들도 거기에 누워 있었고 물고기도 마치 막 잡은 것 같았다. 그렇게 노파는 부유하게 혼자서 살아갔다.

마침내 노파는 이렇게 생각했다.

"에이. 무엇하러 이렇게 앉아 있을까. 내 가난한 영감이나 보러 가 봐야겠다."

3년째에 노파는 자기 남편에게 가기 위해 옷을 입었다. 빵을 잘라서 담았다. 다음으로 야생 사슴의 비계를 가져가려고 결심했다. 그 모든 것을 챙겨서 남편에게 출발했다.

노파는 가고 또 가서 자기 남편의 천막에 도착했다. 그런데 아무것도 없었고 모든 것이 눈으로 덮여 있었고 허물어져 있었다. 그래도 연통으로 올라가 봤다. 거기 천막 안에는 세 마리의 흉측한 털북숭이 벌레로 변해 버린 노인이 누워 있었다. 아궁이 옆에는 말의 발굽 네 개와 정강이뼈만 남아 있었다. 그렇게 변해 버린 것이었다. 죽지 않으려고 변신했다고들 했다. 노파는 그 벌레한테 빵을 던졌다. 그러자 벌레가 몸을 구부리면서 말했다.

"아궁이에서 떨어진 진흙 때문에 누울 수가 없구려."

노파가 비계를 던졌다.

"아이고, 추워. 눈 더미에서 떨어지는 눈 때문에 누울 수가 없구려."

노파가 또 던졌다. 그것을 맛보고는 갉아 먹어 보았더니 비계였다.

노인이 말했다.

"신이시여, 신이시여. 잠깐만요."

“자, 영감. 문을 열어요.”

노파가 말했다.

노인이 모든 문을 열었다. 노파는 영감을 먹인 후에 자기 집으로 데려갔다. 집으로 데려와서 세수를 시키고 머리를 빗겨서 한 번도 입어 본 적이 없는 옷을 입히고 수정 침대에 눕혔다. 그 후에 차를 마시게 하고 고기를 식탁에 차렸고 기름이 둥둥 뜬 국을 그의 대접에 따랐다. 그렇게 한 후 황금 수저와 포크를 놓았다. 그러자 노인이 숟가락을 뜨려고 하다 이렇게 말했다.

“이렇게 숟가락이 작다니. 커다란 국자나 바가지를 가져오시오.”

노파는 그에게 커다란 바가지를 주었다. 기름이 둥둥 뜬 국을 시끄럽게 입으로 빨아들였다. 그러다가 사레가 들렸다. 사레가 들려서 커다란 소리를 내더니 수정 침대를 뚫고는 그 구멍으로 세 겹이나 언 땅속으로 떨어졌다.

노파는 어떻게 되었을까? 살았던 대로 계속 그렇게 영원히 살았다.

천상에서 온 약혼자

노인과 노파가 살고 있었다. 그들에게는 외동딸이 있었다. 딸은 밤에 자기 등잔을 끄기만 하면 누군가와 이야기를 하기 시작했다.

딸이 말했다.

"저는 당신에게 시집갈래요."

낮에 딸에게 아무리 물어보아도 아무 말도 들을 수가 없었고 아무것도 알아낼 수가 없었다.

어느 날 저녁 잠자리에 누웠을 때 노파와 노인은 등잔을 끄지 않고 몰래 가리고 있었다. 딸은 또다시 이야기를 하기 시작했다. 그때 등잔 덮개를 벗기고 보니 딸과 함께 한 사람이 누워 있었다.

"당신이 그렇다면 우리 사위요."

두 노인이 말했다.

그 말에 그 사람이 대답했다.

"당신들이 저를 발견하게 된 것은 행운입니다. 그렇지 않았다면 당신의 딸이 어디로 사라졌는지 알지 못했을 테니까요. 하지만 어쨌든 당신 딸을 데려가겠어요. 내가 떠난 후에 내일 아침 일찍 동이 트면 노인이 밖으로 나가 보시오.

일곱 마리의 야생 사슴이 강을 건너오고 있을 거요. 그것을 보면 내가 당신들께 행운을 가져다주었다는 것을 알게 되실 거요. 노인은 그 야생 사슴들을 잡으시오. 그 사슴들의 가죽을 다 벗기면 철 사슬에 매달려 하늘에서 어린아이가 담긴 철 요람이 내려올 거요. 그 요람은 덮여 있을 것이오. 사흘 동안 무슨 일이 있어도 열어 보면 안 되오."

이렇게 말한 후에 그 사람은 나갔다. 딸도 그의 뒤를 따라 나갔다. 두 노인은 그들을 배웅하면서 밖으로 나갔다. 나가서 보니 거대한 야생 수사슴으로 변한 사위와 두 살배기 암사슴으로 변한 딸은 강을 건너가고 있었다.

아침에 노인이 밖으로 나갔다. 나가서 보니 일곱 마리의 야생 사슴이 강을 건너오고 있었다. 노인은 창을 들고 배에 올라타서 일곱 마리 모두를 찔러 죽였다. 그리고 그 사슴들의 가죽을 벗기기 시작했다.

노파는 아직 자고 있었다. 노파가 잠이 깨 보니 철 사슬에 매달려 하늘에서 철 요람이 내려오고 있었다. 그 안에는 어린아이가 있는 것 같았다. 울음소리가 들렸다. 노파는 어린애가 가여워져서 덮개를 조금 열고 쳐다보았다. 거기에는 눈처럼 하얀 어린아이가 누워 있었다.

그러자 어린아이가 끔찍한 소리를 내며 울기 시작했다.

"이제 내 한쪽 눈은 터질 거예요!"

이 말을 한 후 사슬이 요람을 위로 들어 올리기 시작했다. 어린아이의 목소리가 들렸다.

"우리 형은 유륜크 아이이이의 아들이었고 형이 나를 보내면서 '내가 액이 껴서 한쪽 눈이 멀지 않도록 사흘 동안 나를 쳐다보지 않을 것'이라고 말했어요. 이제 당신들한테도 돌아갈지 돌아가지 않을지는 우리 형이 결정할 거예요."

이때 노인은 야생 사슴의 가죽을 모두 벗기고 어깨에 사슴의 뒷다리 두 개를 메고 오고 있었다. 노파는 그를 만나서 모든 것을 이야기했다. 노인은 그 말을 믿지 않고 천막 안으로 뛰어 들어갔다. 어린아이가 없는 것을 보고 노파를 한쪽 다리로 때리기 시작했다. 노파는 다른 쪽 다리를 집어 들었고 그들은 죽을 때까지 서로를 때렸다.

다른 세계의 사람

옛날에 한 사람이 사냥을 하다가 갑자기 땅속 어떤 구멍으로 빠져 버렸다. 떨어진 후에 정신을 차려 보니 땅 위에 누워 있었다. 그렇게 누워 있는데 세 처녀가 말을 타고 도착했다. 그가 처녀들에게 물었다.

"저는 아픈 사람입니다. 살려주세요."

하지만 처녀들은 셋 중에서 단 한 명도 아무 말도 듣지 못한 것처럼 모두 떠나 버렸다. 그는 처녀들이 이렇게 말하는 것만 들을 수 있었다.

"도대체 우리 사슴들은 어디로 사라진 거지?"

처녀들이 집으로 돌아갔을 때 그는 처녀들의 흔적을 따라갔다. 그는 한 집에 도착했다. 집으로 들어가 보니 거기에는 노부부가 살고 있었다. 그들에게는 세 명의 딸이 있었다. 문 옆에 서서 그는 쳐다보기 시작했다. 아무도 인사말을 하지 않았다.

그가 말했다.

"이렇게 나그네가 찾아왔습니다."

그리고 그는 한 처녀의 곁에 앉았다. 그들은 그가 그녀 곁에 앉는 것도 눈치채지 못했다. 그들은 앉아서 식사를 하고 있었다. 하지만 아무도 그에게 권하지 않았다. 그래서 그는 직접 숟가락을 들고 조금씩 먹기 시작했다. 노부부와 딸들은 이것도 눈치채지 못했다. 다만 그들은 이렇게 말했다.

"왜 우리 음식이 줄어들지?"

그래서 그는 이렇게 생각했다.

'아마도 나를 보지 못하는 것 같군. 저 사람들을 만져 봐야겠다.'

한 처녀의 곁에 앉아서 그녀를 만져 보았다. 그 처녀는 끔찍한 비명을 질렀다. 그렇게 그 집에서 사흘을 머물렀다. 그 후 그 사람은 이렇게 결심했다.

"어떻게 이 나라를 벗어날 수 있는지 알아내야겠다."

그리고 한 처녀를 계속 따라다니기 시작했다. 그 사람들은 굿을 하기 위해 두 명의 샤먼을 불렀다. 하지만 샤먼들은 아무런 도움이 되지 못했다. 다만 샤먼들은 이렇게 말했다.

"위대한 샤먼을 부르러 사람을 보내야만 해요."

그들은 위대한 샤먼을 부르러 사람을 보냈다.

그 사람들이 떠났을 때 청년은 처녀를 일부러 껴안기 시작했고 그녀는 끔찍한 비명을 질렀다. 이때 두 눈의 광선이 곧장 그에게 떨어졌다.

"우리 샤먼이 옵니다."

사람들이 말했다.

이때 그는 생각했다.

'나를 어떻게 할 수 있을까?'

그리고 그 사람은 처녀의 베개 밑에 숨었다.

아무리 숨었어도 샤먼의 눈빛에서 나오는 광선이 그를 꿰뚫었다. 샤먼이 집으로 들어와서 곧장 그를 공격했고 그를 올라타고 앉았다. 그는 온 힘을 다해서 샤먼의 밑에서 발버둥을 쳤다. 하지만 샤먼은 놓아주지 않았고 이렇게 말했다.

"왜 사람을 이렇게 괴롭히나?"

그는 이렇게 대답했다.

"나는 내 뜻으로 여기 온 것이 아닙니다. 땅속 구멍으로 떨어졌어요. 나는 누워서 아파서 괴로워하고 있었어요. 이 세 명의 처녀들에게 도움을 청했지만 단 한 명도 도와주지 않았어요. 그 때문에 괴롭히고 있는 거예요."

그러자 샤먼이 말했다.

"좋다. 맞는 말이다. 이제 너는 그 처녀한테서 떨어져라. 내가 너를 고향 땅으로 데려다 주겠다."

그리고 그를 썩어서 말라비틀어진 나무 위에 앉혔는데 그 나무는 말로 변해서 날아갔다. 그 사람이 정신을 차리고 보니 자기 땅에서 썩은 나무 위에 앉아 있었다.

마마 귀신

옛날에 혼자 살고 있는 한 노인의 집에 두 명의 여자가 들어왔다.[25] 그 여자들을 보고 노인은 이렇게 말했다.

"내가 무슨 노래를 하는지 들어 보시오."

그리고 노인은 엎드려서 노래를 부르기 시작했다. 노래가 시작되자 마치 길이 열리는 것 같았다. 노래를 다 부른 후에 노인은 말했다.

"당신들은 이 길을 따라가세요."

여자들은 곧장 그가 가리킨 길을 따라갔다. 며칠 후에 여자들은 노인에게 도로 돌아왔다.

여자들이 말했다.

"어떻게 된 것이오? 당신은 우리를 어디로 보낸 것이오? 거기엔 어둠뿐이었고 굶어서 거의 죽을 뻔했소."

노인에게는 개가 세 마리 있었다. 주문을 외면서 여자들에게 개들을 바쳤다.

"이것이 당신들께 바치는 내 선물이오. 호의를 가지고 받아 주시고 물러가시오."

---

25) 여기서 두 여자라는 것은 여자의 모습을 한 마마 귀신을 말한다.

여자들은 곧장 떠났다.

이렇게 해서 샤먼이 아닌 평범한 사람이 악귀들로부터 벗어났다고 한다. 그 여자들은 마마 귀신이었다.

해 설

돌간족의 설화

이 책에는 26편의 돌간족 설화가 실려 있다. 그중에서 민담에 속하는 동물담은 '들꿩과 농어의 전쟁', '노인과 토끼들', '여자와 곰', '흰올빼미', '꾀 많은 여우', '새와 동물의 전쟁', 이렇게 6편이다. 이 중에서 '새와 동물의 전쟁'은 동물의 왕인 몬구이와 새들의 왕 욕쇼쿠가 싸운 이야기를 소재로 삼고 있다. 애니미즘과 샤머니즘적 요소가 돌간족의 전통 신앙에 확고하게 자리 잡고 있음을 엿볼 수 있다. 특히 새들의 왕 욕쇼쿠가 몬구이보다 더 신의 있고 용맹하며 영웅적인 모습을 보인다는 사실은 돌간족의 사고를 이해하는 데 시사하는 바가 크다.

일상담에 속하는 작품은 3편이다. '청년 황제와 농부의 딸', '온통 털로 덮인 사람들', '작은 천막의 불꽃'이 여기에 속한다. 이들 작품은 아이나 가난한 처녀가 놀라운 지혜를 발휘하여 문제 상황을 해결하는 내용을 담고 있다. 그리고 미지의 세계에서 살아가는 사람들에 관한 이야기도 등장한다.

영웅담의 범주에 포함할 수 있는 작품으로는 '리이피르다안', '고아 형제', '세 형제', '리이비라', '농부 노인과 노파', '세 청년' 등 6편을 꼽을 수 있다. 여타 다른 민족들의 영웅담이 그러하듯이, 돌간족의 영웅담 역시 온갖 역경을 딛고 왕이 되는 과정을 그린 설화나 별로 주목받지 못하던 막둥이나 불구자가 여러 난제를 성공적으로 해결하여 영웅으로 거듭나는 이야기가 주를 이룬다.

설화 중에는 마법담도 많다. '라아이쿠', '젤레즈나야 샤카와 코스탸노이 포야스', '노인과 노파', '천상에서 온 약혼자', '다른 세계의 사람', '마마 귀신' 등 6편이 마법담으로 분류될 수 있겠다. 돌간족 마법담의 가장 큰 특징은 변신의 모티브다. 자유로이 동물로 변신해서 과제를 성공하거나, 재기와 힘을 겨루는 과정을 묘사하는 이야기가 많다. '행복한 날, 불행한 날'은 영웅담으로도 볼 수 있고, 교훈담으로도 분류할 수 있는 설화로 행복을 찾아 떠난 주인공이 여러 사람을 도와주고 자신도 성공한다는 이야기다.

전설은 4편이 실려 있다. 이 중에서 '백조로 변한 샤먼들', '대지의 주인 영혼', '대머리 청년'은 유래 전설로, '외눈박이 아가씨'는 인물 전설로 범주화할 수 있다. 샤먼이나 지신(地神) 설화가 등장한다. 돌간족의 애니미즘과 샤머니즘적 신앙을 엿볼 수 있다.

돌간족의 유래와 언어

우리에게는 낯선 이름인 돌간족은 러시아 북극권에 거주하는 소수민족으로서 러시아에서 소멸 위기에 처한 소수민족을 거론할 때 10위 안에 든다.

돌간족은 튀르크어를 사용하는데, 19세기 중반에서야 타이미르 반도에 거주하는 민족 중 하나로 처음 언급되기 시작했고 그 전에는 독립된 민족으로 간주되지 않았다.

돌간족은 8세기 말부터 19세기 초에 이르기까지 타이미르 반도의 두딘카 강과 하탄카 강기슭에 거주하던 러시아 농민들, 그리고 여기에 레나 강과 올레뇨크 강에서 이주해온 주변의 예벤키족, 야쿠트족, 에네츠족 등이 어우러지면서 형성되었다. 돌간족은 스스로를 '돌간', '하카', '티아-키히' 또는 '사하'라고 부른다. 이 중 '사하'라는 말에 주목할 필요가 있는데, 그 단어는 야쿠트족이 자신들을 일컫는 말과 같다. 따라서 독립된 민족으로서 정체성과 혈통적 특징을 유지했다기보다 여러 민족이 섞여서 돌간족이 형성되었다는 가설이 힘을 얻는다. 하지만 돌간족은 스스로를 단일혈

연공동체로 인식한다.

돌간족은 현재 약 5500명 정도인 것으로 추정된다. 대부분이 타이미르 반도에 거주하고 있으며 야쿠트 공화국에 일부가 살고 있다.

돌간족이 사용하는 돌간어는 튀르크어족 야쿠트어군으로 분류된다. 돌간인은 튀르크어를 사용하는 민족 중에 가장 북쪽에 사는 사람들인데, 전문가들 사이에서도 돌간어를 독립 언어로 봐야 하는지 야쿠트어의 방언으로 간주해야 하는지에 대해 논란이 계속되고 있다. 과거에는 대부분의 돌간인들이 돌간어를 구사했지만, 2010년 조사에 따르면 돌간어를 사용하는 사람들은 약 1000명 정도에 불과한 것으로 나타났다.

현재 돌간인 학교에서의 정규 교육은 러시아어로 대부분 이루어지고 있으며 일부 학교에서는 야쿠트어를 사용하고 있다. 두딘카 시에 있는 사범학교에서는 돌간어를 가르치기 위한 교사들을 양성하고 있으나, 돌간어가 소멸 위기를 비켜 갈 수는 없을 것으로 여겨진다.

돌간족의 생활 방식과 의식주

혹독한 지리 조건을 고려할 때, 돌간족의 생존 방식은 아주 간단하다. 순록 사육과 물고기 잡이, 야생 순록과 북극여우 사냥이 그것이다. 돌간족이 순록을 사육하는 방법은 주변의 여러 민족들이 사용했던 다양한 방식들이 혼합되어 있다. 일례로, 돌간족은 짐을 운반하기 위해 순록의 등에 직접 물건을 싣는 방식을 취하기도 하는데, 이는 야쿠트족에서 흔히 나타나는 퉁구스 방식이다. 또한 돌간족은 겨울철 이동 수단으로 순록을 이용한 썰매를 사용하기도 하는데, 이는 사모예드족의 전통 방식이다. 그러나 야쿠트족과 달리 돌간족은 순록 사육에 양치기 개를 이용한다.

돌간족은 주로 툰드라 지대에서 겨울을 났으며 여름은 이웃 가정과 무리를 이루어 유목 생활을 했다. 가을에는 각각 흩어져 북극여우를 사냥하는 데 쓸 올가미를 수선하면서 유목 생활을 하거나, 아니면 야생 순록을 사냥하는 데 전념하기도 했다. 돌간족의 사냥꾼은 자신이 포획한 것은 반드시 함께 머물며 유목 생활을 하는 모든 가정과 나누었으며, 가장 좋은 부분은 노인이나 아이들에게 주었다.

돌간족의 주거 형태는 러시아식 농가, 야쿠트식 바라크, 텐트 형태인 퉁구스식 '춤', 나무껍질이나 잔디 등으로 덮은 원추형 집 등으로 다양하다. 순록 유목민인 돌간족의 집은 기본적으로 이동 주택의 개념이다. 다시 말해서 순록 가죽으로 덮은 골조 형태의 집을 5~7마리의 순록이 이끄는 순록 썰매에 싣고 다닌다. 가장 널리 알려진 주거 형태는 '춤'으로, 장대들을 비스듬히 놓고 윗부분을 교차시켜 원추형을 만든 다음, 여기에 덮개를 두르는 방식으로 만들어진다. '춤'의 덮개는 계절이나 이동 시 주변에서 쉽게 구할 수 있는 자재에 따라 달라졌는데, 타이가 사람들은 여름에는 자작나무 또는 순록의 부드러운 속가죽으로 덮고, 겨울에는 순록 가죽을 두 겹으로 덧댄 후 그 위에 범포나 방수포를 덧씌웠다. '춤'의 한가운데에는 난로를 놓았다. 난로의 왼편은 여자들이, 오른편은 남자들이 차지했다. 남자 손님을 위한 상석은 입구 맞은편인 난로의 뒤쪽이었다.

돌간족에게 가장 중요한 식재료는 순록 고기와 생선이다. 고기는 삶거나 냉동 또는 훈제 상태로 먹는다. 이들은 비타민을 보충하기 위해 순록의 신선한 날고기와 간, 콩팥을 먹는다. 또한 모닥불에 살짝 그슬린 어린 순록의 뿔은 전통적인 진미로 여겨졌다. 돌간족이 생선을 먹는 방법은 다양하다. 가을과 겨울에는 냉동된 시베리아산 송어와 연어, 민물 연어를 얇게 저며서 길게 썰어 먹고, 여름에는 갓 잡은 신선한 생선에 소금을 살짝 쳐 날것으로 즐긴다. 연중 내내 이용하는 식재료는 삶은 생선이다. '유콜라'라고 알려진 말린 생선을 저장해 두었다가 1년 내내 먹는다. 북극권의 혹독한 조건에서 고기와 생선만으로 차려진 극도의 단조로운 식생활을 하며 사는데도 돌간족은 괴혈병이나 기타 비타민 결핍증과 같은 질병을 거의 앓지 않는다.

돌간족의 전통 의상에서 특이한 점은 다른 시베리아 민족들과 달리 남녀의 의복이 동일하지 않다는 것이다. 남성복은 남녀 구분이 뚜렷한 예벤키족의 것과 비슷하다. 그러나 여성 옷은 아밤스키 지역의 예벤키족 옷과 유사하다. 또한 남성의 의상은 야쿠트족 전통 의상에서 볼 수 있는 요소도 가지고 있다.

남성들은 '무카알칸(мукаалкан)'이라고 하는 순록 가죽으로 만든 상의를 여며서 입었으며, 모피를 밖으로 드러내어 입는 것이 특징적이다. 그리고 예벤키족이 입는 외투인 등판을 따로 재단한 '쿄프 호포(кёп хопоо)'도 남성들 사이에서 널리 애용되었다. 돌간족의 모자는 솔기 부분을 따라 일렬로 형형색색의 구슬이 장식되어 있다. 정수리 부분은 보통 가로 줄무늬로 장식했다. 여름철 남성 옷은 모피 아우터라는 뜻의 '손 타프(сон тап)'가 주를 이루었다. 이것은 검은색 나사(羅紗) 또는 면으로 만든 것으로 앞부분을 일직선으로 잘라 앞깃을 서로 맞닿게 했으며, 넓은 칼라가 특징이었다.

여성 옷은 허리로 이어지는 등 부분의 재봉법이 아밤스키 예벤키족의 옷과 유사하고, 허리 위는 반원의 쐐기로, 허리 아랫부분은 두 개의 각진 쐐기 모양이 있는 것이 널리 보급되었다. 겨울철 여성 옷은 순록 가죽으로 만들었고, 여름에는 같은 모양으로 나사(羅紗)로 만들었다. 나사 이외에도 여름옷은 때때로 순록의 부드러운 속가죽으로 만들었다. 겨울 신발은 순록의 발바닥 가죽으로, 여름 신발은 순록의 속가죽으로 만든다. 돌간족 신발은 전반적으로 예벤키식 목이 긴 모피 장화와 유사하다.

돌간족의 신앙

여러 민족들(주로 예벤키족, 야쿠트족, 러시아인)이 혼합되어 돌간족이 형성되었다는 점은 그들의 신앙에서도 엿볼 수 있다. 돌간족의 신앙은 이런 민족들의 세계관과 전통 신앙을 반영하고 있기 때문이다.

돌간족의 애니미즘과 샤머니즘은 러시아정교와 결합되어 나타난다. 돌간족은 춤으로 들어가면서 성호를 긋고 춤안에 잘 보이는 장소에 성상화를 걸어 두며 그 앞에서 기도를 올린다. 돌간족의 달력은 정교회 교회력에 따른다.

그러나 돌간족의 샤머니즘적 전통 세계관은 대다수의 북방 민족들과 마찬가지로 세계가 상, 중, 하로 이루어져 있다고 믿었다. 상층부, 중간부, 하층부의 세계가 그것이다. 상층부 세계의 신들과 영혼들은 세 범주로 나누었는데, '이치(ичи)'라고 불리는 보이지 않는 존재로 어느 대상으로나 들어갈 수 있는 존재들, '아이이이(айыы)'라고 불리는 사람들에게 선한 영혼들, '아바아시(абаасы)'라고 불리는 사람들에게 악한 영혼들이다. 중간부에는 인간들이 살고 있으며, 하층부에는 반인반수의 괴물들이나 식인괴물들이 산다.

돌간족은 '캄라니야(камлания, 샤먼이 하는 주술이나 주문)' 의식(儀式) 때 샤먼이 주문을 외우면 한 세계에서 다른 세계로 들어갈 수 있다고 생각했다.

돌간족의 샤먼은 '오이운(Ойун)'이라고 일컫는다. 그들은 이웃인 사모예드족과 마찬가지로 마술적 행위를 다루는 수준에 따라 위계적으로 서열화된다. 돌간족 샤먼은 시베리아에 사는 다른 민족의 샤먼들과 마찬가지로 샤먼 특유의 복장을 하고 작은 방울이 달린 손북, 지팡이와 같은 물건들을 지닌다.

샤먼이 지니는 손북 윗부분에는 '욕쇼쿠'라는 머리가 두 개 달린, 새들의 왕의 형상을 달아 놓기도 한다. 동심원이나 십자형 그림, 또는 순록을 그려 넣기도 했다. 돌간족은 손북이 우주 또는 순록이라 여겼으며, 샤먼이 이 순록을 타고 여행하는 것이라고 생각했다.

돌간족의 장례 풍습에서도 애니미즘과 샤머니즘이 정교와 결합된 양상을 쉽게 발견할 수 있다. 타이미르 반도 지역의 여타 민족들과 다르게, 돌간족은 죽은 사람을 땅에 묻는 장례 풍습을 가지고 있다. 그리고 무덤에 나무를 쌓아 올리거나 사당처럼 조각을 새겨 넣은 통나무 구조물을 세워 놓는다. 모든 무덤에는 십자가가 세워져 있지만 그 옆에 고인의 의복이나 썰매를 놓기도 한다. 순록 유목민의 경우는 순록 머리와 함께 긴 막대기를 세워 놓는다.

이 책에 실린 여러 설화 작품들은 돌간족의 이러한 세계관과 풍습, 그리고 전통 신앙, 삶의 양태와 가치들을 이해할 수 있는 단초를 제공한다. 이 책을 읽고 난 독자들이 이해한 돌간족의 세계관과 삶의 모습 속에서 과거 우리 민족의 전통 신앙과 삶의 가치를 이해할 수 있는 단초들을 발견할 수 있었으면 하는 바람이다.

옮긴이에 대해

안동진은 한국외국어대학교 노어과와 동 대학원을 졸업했으며, 이반 투르게네프에 대한 논문으로 박사학위를 받았다. 논문으로는 <이반 촌킨, 그 뒤섞인 세계> 등이 있으며, 역서로는 ≪체호프 아동 소설선≫(지만지, 2014), ≪북아시아 설화집 2(한티족, 만시족)≫(이담북스, 2015) 등이 있다. 현재 학생들과 글 쓰는 방법을 함께 공유하고 있으며, 러시아와 캅카스 소수 민족의 삶과 문화에 대한 글을 발표하고 있다.

시베리아 설화집 전체 작품 목록

한국에 처음 소개되는 시베리아 설화다. 시베리아와 극동 제 민족의 설화를 연구하는 연구자들뿐만 아니라 평소에 시베리아의 신화, 전설, 민담에 관심을 가진 독자들에게 유용할 것이다. 총 43개 부족의 1017편 이야기다.

야쿠트인 이야기

곰과 여우
오리와 검독수리
누가 일출을 처음으로 보는가
수말과 황소
차아차하안 차아차하안
타알 타알 노파
리이바라
니이이 니이이 할멈
츕쵸요쿄욘 츕쵸요쿄욘
다섯 마리 암소를 가진 베이베리케옌 할멈
슬라브니 유데유이옌
자야치 흐보스트
테옐레이 할멈
늑대와 노인
영리한 개
오노고스토온 추오카안과 올로온 돌로온
가난한 농부
암소 세 마리와 아내 셋을 가진 노인 테예프 테예프
영리한 처녀
투툼 튜요케이
고대 용사와 전투에 대한 이야기

예벤키인 이야기

빼꾸기
백조와 까마귀
멧닭과 백조
곰과 붕어
여우와 모캐
여우 훌랸
은혜 갚은 곰
토끼 자매
식테흐 신겔툰
개가 털옷을 입게 된 사연
자작나무에서 태어난 소녀
지하세계에 간 남자 1
지하세계에 간 남자 2
차르치칸
천상세계에 갔다 온 남자
토끼를 속인 할아버지
소년과 까마귀
백조에게 아들을 빼앗긴 아버지
똥에 빠져 죽은 할아버지 할머니
예벤키 남자와 뱀
치나나이
아카라모와 이불 형제
슬기로운 청년
두 형제
모험을 찾아 떠난 청년
비켈리디운
료하
움나
우차나이
헤누키찬
불화의 언덕
예벤키 사람들이 순록을 키우게 된 이유
세 형제 무사
어린 무사
우냔니와 코렌도
옙카찬
무춘노이와 뵤르콜툰 형제
식토불
나라불
누르고불
누르가울
초로
소두 소르돈초 솔다니
킬리디나칸
중간세계의 우무스닌댠
차갈라이 차쿨라이
무사 볼론투르
하니 후분과 호호르 보그도
온기닐
우리얀과 몰리나
오란
디긴
어느 노부부의 오만방자한 아들
난쟁이 무사
캅탄디르
만기 도롬고
유라키 사람들
식인 출루그디
난드리와 털보

이쵸그디로
식인 청년과 결혼한 아가씨
샤먼, 들쥥 그리고 식인
구리불과 식인 형제
네멜론

유카기르인 이야기

외로운 청년
개의 수호신들
땅의 주인
북극여우와 곰
토끼의 꼬리가 없어진 이유
셈테네이 노인
토끼
여우 이야기
야생 북극암사슴
솥단지 비슷한 썰매를 타고 다니는 사람들
라마도
옛사람들의 소녀
도르부
아낙네
도부레
구슬 턱수염 노인
욕심 사나운 노인
스라소니가 토끼를 잡아먹는 이유
하바타
마체칸
욕심 사나운 아낙네
'늙은이'라는 별명의 할아버지 나무
미끼 사슴을 데리고 하는 사냥
키르체아나
토로하
숙부-아버지의 아이
방탕한 여자
불구자
테베게이
얼음 구멍 속의 아낙네
로시야, 로시야, 긴, 긴, 긴
부르는 주문

돌간인 이야기

들쥥과 농어의 전쟁
노인과 토끼들
청년 황제와 농부의 딸
여자와 곰
백조로 변한 샤먼들
대지의 주인 영혼
대머리 청년
외눈박이 아가씨
온통 털로 덮인 사람들
작은 천막의 불꽃
리이피르다안
고아 형제
세 형제
흰올빼미
꾀 많은 여우
새와 동물의 전쟁
리이비라
농부 노인과 노파
세 청년
라아이쿠
젤레즈나야 샵카와 코스타노이 포야스
행복한 날, 불행한 날
노인과 노파
천상에서 온 약혼자
다른 세계의 사람
마마 귀신

셀쿠프인 이야기

이테
개와 털가죽
인간이 생기게 된 유래
이차와 귀신
이차
켄가의 용사
마녀와 두 딸
바보 이반과 곱사등이 말 코넥 고르부노크
두 자매
몸통 없는 머리
태양의 왕
일곱 아이 이야기
푸치카 추리카
불의 주인
티시야
켄게르셀랴
바다 곶 노인의 아들들
찬케르
세 자매
들쥥과 쥐
눈 소녀
이반 왕자
영리한 소년
개구리

시베리아 타타르인 이야기

황금 새
의붓딸
지주와 일꾼
세 마리 비둘기
돈보다 값진 지식
질랸
귀머거리, 장님, 앉은뱅이
아버지의 세 가지 충고
세 자매
요술 반지
재봉사, 곰, 장난꾸러기
처녀와 물의 요정
주흐라 별
영리한 청년
귀신과 그의 딸에 관한 이야기
이르티시와 술레이만
아흐메트와 칸
카미르 바티르
얄 마미시
카라밈 바티르

에스키모인 이야기

아이누인 이야기

닙흐인 이야기

축치인 이야기

코랴크인 이야기

케레크인 이야기

우데게이인 이야기

나나이인 이야기

입찬
까마귀와 매
거북이
늑대로 변한 다섯 여자
인간 창조에 관한 이야기
세 태양
달과 소녀
곰을 낳은 여자
세한에서 있었던 이야기
호랑이와 남자
청년과 골뱅이 아내
탑칼 씨족과 힘구
힘구의 거처
날아가 버린 아이
고아와 개
지하세계 이야기
소그됴콘
개구리와 쥐
푸딘과 개구리
날다람쥐
친데케와 여우
네야브칸과 여우

예벤인 이야기

새와 쥐가 싸운 이야기
욕심 많은 멧닭
떠버리 메추리
바다표범
여우와 늑대
여우와 곰
교활한 담비
담비
여우 이야기
움체긴과 부윤댜
두 자매 이야기
촐레레
첸게 이야기
오모촌
곰
움체니와 우인댜
오로치인과 코랴크인의 옛 생활에 관한 이야기
여자 샘
데브리켄 코브리칸
쿠를레니
게으른 소년과 새
달에 반점이 생긴 이유
고아 소녀 이야기
틸켄과 돌단 형제
우메스네와 안차크
현명한 노인
멘레크
한 마리 개
은둔자
고아소녀
잠자는 사람들
귀신 사위
노인의 세 아들
이웃 남자
두 형제 이야기
아내들을 빼앗은 남자
부자와 가난한 사람
욕심 많은 노파
오인데와 하바이
땅이 만들어진 유래
모기와 구더기가 생긴 유래
키로로트 2051

울치인 이야기

켐테르게 용사
용사와 사악한 정령
가난한 노인과 부자 노인
처녀와 거인들
두 처녀
바투리
개구리와 쥐
개구리 아이
청년과 호랑이
소년과 사악한 여우 정령
거지가 왕이 된 이야기
발듀 성씨에 관한 이야기
첸투세
호심부 할아버지

부랴트인 이야기

갈단과 바이르 형제
꾀 많은 부담슈
두 자루
몰론토이 영감
슈렐데헨 아가씨
행운과 불행
구르발다이의 세 현자
후르 연주자
구지르칸
청년 티스헤 비스헤
가난뱅이 도르지
무 몬토
가자르 포올린, 제에델레이의 아들
물귀신 할멈
꾀 많은 청년이 칸이 된 이야기
바보천치
현명한 아내
메르겐 조릭토
장사와 꾀돌이
가난뱅이와 악마
일흔 개의 거짓말
현명한 며느리
부담슈
청년 슈트니크
내가 바로 후르마스타(성인)이다
꾀돌이 발단
붉은 손바닥
어리석은 부자
겨울과 여름
개가 친구 같은 주인을 찾은 이야기
머저리 늑대
뽐내기 잘하는 강아지
눈과 토끼

만시인 이야기

한티인 이야기

투바인 이야기

하카스인 이야기

거만한 샤먼
농부와 사제
결혼이 너무도 하고 싶었던 샤먼
빈농이 부자와 소송한 이야기
아디차흐와 케초흐
'불행'
빈농이 부호의 집에서 악마를 쫓아낸 이야기
호기심 많은 아내
부자와 뱀
마법의 닭
빈농이 부자를 속인 이야기
시어머니와 며느리
크레센

뱁시인 이야기

소녀와 염소
곰과 마샤
지저분한 여자
곰과 여우
제멋대로인 아내
주인 부부와 이웃인 백정
성자 아폴론
물의 정령
의붓딸
착한 소녀 바르베이
남매
황금 소년
신부 나스텐카
청년은 새를 아내로 삼다.
황금 곱슬머리 나스타샤
미녀 아내
부자 형과 가난한 동생
어리석은 사람들 이야기
부정한 아내
반카와 염소
오빠가 여동생의 손을 자르다.
아내가 말했다
엄지 소년
도둑 반카
잠자는 아내
바보 사위
신은 오리페이에게 식사하러 왔다
아내는 남편을 어떻게 속였는가

칼미크인 이야기

착한 오브세
용감한 마잔
연꽃
마법의 돌
받지 못한 보상
변신하는 겔룡과 일꾼
현명한 며느리
고향 이야기
미해결 소송
칸의 왼쪽 눈
어리석은 노인
계절의 변화
현자와 겔룡
겔룡과 동자승
인색한 부자
노부부
수탉과 공작
유쾌한 참새
성질 나쁜 까마귀
만지크 자를리크와 그의 하인
72가지 기이한 일
체첸 칸과 그의 현명한 며느리
케쟈
노인 자신은 4분의 1, 턱수염은 4분의 3
용사 샤라다
아랄탄의 아들
두 형제
세 가지 기이한 이야기
팔천 살의 노인 남질 크라스늬 이야기
세 형제
사냥꾼 이예스티르
새와 동물의 말을 알아듣는 청년
왜 올빼미는 콧구멍이 없을까
용감한 사자
모기가 애처롭게 노래하는 이유
마상

알타이인 이야기

알립 마나슈
유스큐제크와 알틴 차치
사리 칸
큰 사슴의 울분 욕심 많은 들꿩
보리 낱알
회색 참새
멋진 다람쥐
무서운 손님
인색한 개구리
박쥐가 밤에만 나는 이유
공작새의 아내
사르탁 파이
오누이
'비단 붓' 토르코 차차크
행복한 리스투
황금 잔
중매쟁이 여우
백가지 지혜
암소와 별
곰 아저씨
녹색의 신 쿠르가미슈
한 마리 양
쿠야
곰 아유
황금 새 알틴 쿠츠카슈
질 켈
해와 달이 인간을 구한 이야기
일곱 형제
용사 바부르간이 산이 된 이야기
텔레츠코예 호수에 관한 전설
텔레츠코예 호수가 '황금 호수'로 불리게 된 이야기
쥐와 낙타
미식가 사향고양이

텔렌기트인 이야기

첼칸인 이야기

쿠만딘인 이야기

투발라르인 이야기

나가이바크인 이야기

바시키르인 이야기

쇼르인 이야기

코미인 이야기

텔레우트인 이야기

돌간인 이야기

작자 미상
옮긴이 안동진
펴낸이 박영률

초판 1쇄 펴낸날 2017년 2월 25일

지식을만드는지식
03991 서울시 마포구 월드컵북로 46 청원빌딩 3층
전화 (02) 7474 001, 팩스 (02) 736 5047
출판등록 2007년 8월 17일 제313-2007-000166호
전자우편 zmanz@eeel.net 홈페이지 www.zmanz.kr

ZMANZ
3F. Chungwon Bldg., 46, World Cup buk-ro,
Mapo-gu, Seoul 03991, Korea
phone 82 2 7474 001, fax 82 2 736 5047
e-mail zmanz@eeel.net homepage www.zmanz.kr

ISBN 979-11-304-7486-1
979-11-304-7487-8(큰글씨책)
979-11-304-7488-5(PDF전자책)
책값은 뒤표지에 있습니다.